生活需要节奏感

李思圆 ——— 著

天津出版传媒集团

天津人民出版社

图书在版编目（CIP）数据

生活需要节奏感 / 李思圆著. --天津：天津人民
出版社，2019.1
（大白鲨）
ISBN 978-7-201-12135-2

Ⅰ.①生… Ⅱ.①李… Ⅲ.①生活方式—通俗读物
Ⅳ.①C913.3-49

中国版本图书馆CIP数据核字（2018）第286355号

生活需要节奏感
SHENGHUO XUYAO JIEZOUGAN
李思圆 著

出　　版	天津人民出版社
出 版 人	刘　庆
地　　址	天津市和平区西康路35号康岳大厦
邮　　编	300051
邮购电话	（022）23332469
网　　址	http：//www.tjrmcbs.com
电子信箱	tjrmcbs@126.com

责任编辑	谢仁林
特约编辑	范　颖
封面设计	BookDesign Studio 阿鬼设计

制版印刷	河北华商印刷有限公司
经　　销	新华书店
开　　本	880×1230毫米　1/32
印　　张	9
字　　数	210千字
版次印次	2019年1月第1版　2019年1月第1次印刷
定　　价	42.00元

愿我有舟自渡，亦能给您一星半点儿的勇气

亲爱的读者朋友：

当您拿起这本书时，我要向您深深致歉。

因为我的文字还不够有诚意，不够有温度，不够正能量。

这是我的肺腑之言。算起来，它是我到目前为止所出的第三本书。在把原稿整理好，交给编辑时，我尚觉得满意，可是初稿审核完以后，我又有了一种特别心虚的感觉。

虽然，这本书集合了这两年在各大平台上发表的相对较好的文章，甚至有多篇被转载到《人民日报》、新华社、人民网等官方"夜读"栏目，但是我深知自身才疏学浅，也许当初在写它们时，我还自我感觉良好，可是过段时间再看，又觉得其实还可以更好，更完善，更有深度。

记得我在出第一本书以前，跟许多人一样，觉得如果人生能出一本真正属于自己的书，该是多么骄傲的一件事。

可是，当2017年我的《生活需要仪式感》真正面世，并且在5个月时间内，就有20多万的销量时，我却怎么也开心不起来，甚至为此感到羞愧。

这本书，我几乎没送给过任何人，我身边的亲朋好友，几次三番问我要书，我都委婉拒绝，理由是，真的写得不好，等下一本出更好的书，再送给大家。

也许会有人感觉这个说法敷衍，当然我这样的行为，也特别得罪人，因为这多少带了几分傲慢的姿态，但是懂我的人会知道，我是真的对这样的成绩受之有愧，我自知，自己的学识、才华、修为等，跟一名真正的作者——更别提作家，还差很远一大截。

虽然我热爱文字，但对于它，我又有一种强烈的敬畏感，毕竟在真正的知识面前，不能有半点弄虚作假，也不能有半点浮躁骄傲，更不能有半点自我膨胀。

每当别人问我，为什么你的书卖得这么好？我的回答也总是，运气好。

说这三个字时，我没有丝毫负气的意思，因为我希望，我的作品不仅要得到读者的认可，更要得到自己的认可。

自己有什么水平和层次，其实我心里比谁都清楚。是机缘巧合，还是宣传到位，又或者真是你的文字水平足够好，但凡想要成为一名合格的作家，自己心里一定要有数。

当然我也不是妄自菲薄，把自己描述得一无是处，只是年龄渐长，在读了更多的经典书籍，对人生有了更多思考后，愈发明白"人外有人，天外有天"的道理，也愈发崇敬"学无止境，永不止步"的精神，更愈发对自己有更高的要求，希望每一天、每一年、每个阶段

的自己，都能有所成长、进步和提升。

其实我对待每本书，都希望能更加认真、专注、用心，毕竟当你决定把自己的文字、自己的思想，或自己的梦想，传递给更多人看时，这不仅仅是一种自我情绪抒发的需要，还要对拿起这本书、花费宝贵的时间阅读的读者朋友负责任。

记得曾经有位读者，曾给我发来很长一段留言，她说，这一年，她真的开始喜欢上读书了，而且每天都有在坚持，为此要谢谢我坚持不懈地分享看书心得，并且时时都在写文章，呼吁大家多读好书，唤醒了她求知的欲望。

当时我给她的回复是，要感谢你自己，因为唯有你真正意识到读书的好处时，才会真正地行动起来。

但是她很诚恳地告诉我："如果没有被你看书的热情所感染，我真的不会有今天的进步。"

虽然她如是说，我依旧没觉得自己的文字能对别人产生多大影响。直到有一次，我在自己的自媒体平台，写了一篇关于人情冷暖的文章。

当时，因为一些事情，心情受了一点影响，于是文字里难免带有一点负能量。结果又有读者朋友很关心地问："你最近是不是遇到了不开心的事情？"

我说，没有呀。然后反问她，为什么会有这样的想法？

她居然告诉我："其实你每一天的状态和心情如何，读者们都一清二楚，虽然我们不知道，你每天的生活究竟发生了什么事，但是它们都会不经意地显露在你的文字当中。"

我每天都坚持更文，没有周末，没有节假日，甚至过年都不放假，已经足足有3年之久，当然我知道，这远远不够，还要笔耕不辍，一直写下去。

　　当时看到这样的留言，我的心中感到无比惭愧。我曾经一度认为，文章只需要体现个人的感受，可是在不知不觉中你会明白，你的文字，哪怕仅仅影响一个人的性格、习惯、价值观等，都是一件需要特别谨慎、不可马虎的事情。

　　从那天起，我就暗暗发誓，一定要写出更加有力量、有温度的文字，既不辜负自己，也不辜负喜欢我的读者们。

　　一直以来，我都希望自己能写出最好的那一本书，可是最后我发现，其实最好，仅仅是一个引领我前行的目标。无论我多努力，可能都达不到我期望的高度和水平。

　　我明白，学无止境，今天的你，可能不会满意昨天的自己，而未来的你，也总在拉黑今天的自己。一方面，这让你苦恼，因为面对不够好的自己，你总是处于愧疚、自责、不安的状态中，但另一方面，它也在鞭策你，让你永远都在攀登高峰的路上，不断打磨出更好的自己。

　　我很少会去看自己以前写的文章，因为觉得它不够好。朋友说，这是因为我对自己的要求太高了。为此，我曾给编辑提出，干脆再等等，等我写出更好的文字。

　　编辑告诉我，文章质量没什么问题，有这样谦卑的态度，也是好事。

　　我们每个人，无论做任何事，都不会真正地对自己满意。写得

好，对别人会有帮助，即便略有瑕疵，也可以大方地让读者们批评指正。

写这段话时，我很担心，在出版这本书时，编辑会把它屏蔽了，因为这是给自己"挖坑"，不说有"王婆卖瓜，自卖自夸"的虚假造势，也不该这么直白地说大实话呀。但是我相信，一个人，唯有真诚地面对自己、面对读者，才能有更好的造诣！

最后，我想说的是，这本书，不敢说有多好，但它却是我的真情实感，并且我也一直提醒自己，要用积极、健康、阳光的心态，认真对待我的文字。

以前我很害怕别人说我写的是鸡汤文，这样的感受，就跟别人夸我努力而侧面说我愚笨一样。但是后来，我能很坦然地接受，因为我可以问心无愧地说，我熬的鸡汤，都是从自己身上长出来的营养，我无意去说教或指正谁。读书和写作，真的影响到了我自己，让我遇到了很多有趣的人，发现很多有趣的事，而且它们彻底改变了我的思维方式，让我变得更加从容、开阔、豁达！

愿在文字的海洋里，我能有舟自渡，亦能给予渴望变好的你那一星半点儿的力量和勇气！

李思圆

2018年11月17日于成都

PART A　余生很长别慌张

我们都一样，年轻且充满希望。我们想要的很多很多，时光会随着我们的成长，回馈我们丰满的梦想。余生很长，真的别慌张。

PART B　岁月自会有安排

　　人生在世，每个人都会有不同的际遇。只要我们执着于初心，踏踏实实付出每一份努力，岁月自会看在眼中，不会亏待你我。

目 录
Contents

PART C　生活需要节奏感

时光悠悠，理想漫长。一辈子的东西，生活不会一下子全都给你。
生活需要节奏感，梦想需要一步一步实现，慢慢来别着急。

PART A
余生很长别慌张

我们都一样，年轻且充满希望。我们想要的很多很多，时光会随着我们的成长，回馈我们丰满的梦想。余生很长，真的别慌张。

余生真的很长，请不要慌张

　　某个周末，我去参加了一个培训课程，培训老师在台上侃侃而谈，表情到位，动作协调，就连PPT的图片和文字，都完美到无懈可击。跟着他生动有趣的讲法，我自然而然地进入了学习状态。整堂课，我在台下听得津津有味，丝毫没有走过神，也没瞄过一眼手机。

　　课间休息时，有位学员对老师说："真羡慕你在台上，随便说一句话就能说到点子上，遇到任何问题都能应对自如。"

　　这位老师笑了笑，说："你们信不信，我读书那会儿是个口吃？"

　　所有人都惊讶地望着他，老师继续说道："你们现在看我表现得如此放松，其实你们不知道，我每次讲课前，都要私下面对着墙壁，自说自话地练习好几十次。我要求自己对培训重点必须倒背如流，这样在台上才不会偏题。

　　刚开始当培训老师时，第一次上台前，我在家练习了上百次，还想了几十种可能会被学员问到的问题，提前预备好答案。到后来，我越来越拿捏有度，但依旧不敢轻易怠慢任何一场培训。正因为一次又一次重复练习，我才可以做到闭着眼睛也能在台上讲两个小时。"

我对他心生佩服，同时也更加确信，原来没有什么轻而易举的成功，都是点滴积累的结果。你看见的是别人在台上风光无限，看不见的却是人家在台下日复一日地努力和坚持。

我有一个表姐，是汽车销售员。她在公司干了3年，从一个实习生，华丽转身为销售经理。大家都羡慕她在短时间内升职加薪，却都没看见她为这份工作究竟付出了多少努力。

表姐刚工作时，特别崇拜那些每天都能轻松卖出四五辆车的同事。她觉得那些人之所以那么牛，是因为本身就很有销售天赋。直到有一次她无意间得知，公司里的金牌销售员，不仅熟悉每一辆车的构造，甚至连机器零部件也都烂熟于心。

后来，表姐奋起直追。为了提高销售能力，她每天看销售类书籍，学习销售技巧；为了抓住客户所需，她专门学习应用心理学，通过顾客的着装、语言、小动作来大致判断对方的喜好；为了跟挑剔的车迷交流，她还坚持试驾她销售的所有汽车，找到它们的不同之处……

正是这样看似笨拙的坚持，让表姐每天不断进步，直到量变积累成质变，她的业绩突然蒸蒸日上，几乎每月都能获得销售冠军的荣誉。

没有人可以随随便便成功。只有不断地努力，不断地历练，不断地进步，你才可能达到自己预设的目标。**余生很长，你真的没必要慌张，你有的是时间，沉下心来修炼自己；当你拥有了充沛的实力，成功对于你来说，就是水到渠成的事儿。**

我有一个写作群，群里有个作者是高产王，而且几乎每篇文章都是阅读量10万+。我觉得她一定是从小就有写作天赋，要不然就是足够聪明——每天都能出好作品，不是天才，还能是什么呢？

正当我无比羡慕她时，才知道她已经坚持写作十年之久。正是因为有足够多的积累和练笔次数，所以无论面对什么样的选题，她都可以立即洋洋洒洒地写出好几千字的走心文章。

当我再去仔细分析其他很棒的作者时，发现他们要么是做了多年的杂志编辑，要么是长期接触文字工作，要么每日坚持读书练笔……原来，成功真是一个循序渐进的过程，我们与牛人的区别就在于，牛人总是在点滴中不断地进步，而我们有的人遇到一点困难就放弃。

诚如"10000小时定律"所说：坚持练习10000小时，你也可能成为某个领域的专家。

你看到的是职场精英随意签下一个上千万的大合同，你看不到的是他们为了打拼事业，加了多少次班，熬了多少次夜。

你看到的是讲师们思路清晰，说话有条有理，你看不到的是他们反复修改了多少次演讲稿，总结了多少次冷场的尴尬。

你看到的是有些人家庭和睦、事业有成，你看不到的是他们为此承受了多少压力，经历了多少左右为难，权衡了多少利弊得失。

很多人都羡慕那些一夜爆红的成功人士。其实，这个世界上从来就没有一蹴而就的成功。如果没有踏实的努力，没有点滴的积累，再好的运气降落到你头上时，你也没有接住它的实力。余生真的很长，别着急，别焦虑；只要你踏实走好人生每一步，生活真的不会辜负你。

真正努力的人，从来不焦虑

　　某晚临睡前，翻看了一下朋友圈，夜已经很深了，发现很多朋友，有在加班的，有在写稿的，还有无事可干也要熬夜思考人生的。

　　老实说，每当看到大家都在拼了命地努力时，我就有一种深深的焦虑感。因为有一句话说，比你厉害的人，比你还要努力。

　　可我反过来想想，似乎我也并没有浪费太多时间。每天早上5点起，晚上11点睡，午休1小时。曾经我也试过，早上再早起半小时，晚上再多熬半小时，甚至午休再缩短半小时，然后利用这些时间学习充电。但这样做不仅打乱了我的生活节奏，还因为休息不好，整天无精打采，总是无法集中精力做事。

　　后来，我渐渐学会了按照自己的节奏和步伐来努力。因为我非常清楚地知道自己努力的极限不在时间上，而在思维方式上。我不能用战术上的努力，去掩盖战略上的懒惰。

　　我身边有些人其实很努力，但他们越努力就越焦虑。很大一部分原因在于，他们总是用简单的方式衡量自己与别人努力的程度和力度。但这其实毫无可比性。

只要你清楚地知道自己的方向在哪里，并且一步一个脚印，不慌不忙地走下去，总会等到柳暗花明的那一刻。

前几天，我有点事想找朋友A谈谈。她却说，最近很忙，没时间约见我。

她报了很多培训课程，有学做PPT的，有学摄影的，有学画画的……线上线下都报了一大堆。

我问她，为什么突然想要学这么多东西，而且下半年还要考专业资格证书，按理说，应该集中精力去复习才对啊。

朋友说，最近有一句话很流行，就是时代抛弃你的时候，连一声招呼都不打。看着身边的人一会儿研究股票，一会儿又在讨论人工智能，她有些慌了，觉得自己什么也不会，所以狠下心来，试图要一口气学到上百种技能，以防被社会淘汰。

如今，这样的人也不少，他们很努力，但就是没有定力。他们很难静下心来去做好一件事，而是囫囵吞枣地去做很多事，以求取得一种"我很努力，我很上进，我拼尽了全力"的假象。

每个人的时间和精力都是有限的。所谓的成功，并不是说你要成为一个事事通、门门懂，但样样都拿不出手的人，而是你即便只做一件事，也可以把它做到极致，成为某个领域和行业的专家。

很多人的焦虑，其实并不来源于有没有努力，而是来源于一颗想要努力但又太着急的心。

前两年，表妹为了减肥，每天晨跑5千米。刚开始还信心十足，觉得一定能快速瘦身。可刚坚持了不到一周，她就决定放弃了。

我问她，为什么不继续跑下去？她无奈地说："你看我跑了这么久，可是身上的赘肉根本就没有少啊……"

我告诉她："如果你继续坚持下去，一定会有效果。但问题就是，你才没坚持几天，就灰了心，泄了气，没了劲。无论做什么事，都需要付出长久的努力。这世上根本没有所谓的速成法，不过是日复一日的厚积薄发。"

后来，表妹咬着牙继续坚持。3个月后，她慢慢尝到了跑步的甜头，不仅瘦了好几斤，抵抗力也增强了。

不知道你有没有这样的减肥经历，你尝试了很多种别人成功的方法，但却没有一次真正奏效。于是，你失去了信心，觉得自己就属于易胖体质，无论如何努力，都没办法瘦下来。

其实很多人都是如此，每当做不好一件事时，总是怀疑自己的方法不对。但或许，出发点是好的，方向也是对的，就是太急于求成了，总是半途而废，总是只有三分钟热度。

所以，如果你不懂得坚持，那么即便你再怎么变着法地折腾，也会以失败告终。

那么，我们如何才能缓解焦虑，慢慢变得沉着、平和，安安静静地去好好努力呢？

我的感受是，首先要从自我出发。每个人都有自己的努力方式，你要做的不是跟别人去做无谓的比较，而是要把靶心对准自己，稳步前行。

其次是要有定力。不要被功名利禄绊住脚步，也不要人云亦云，用自己的脚去走别人的路。你必须清楚地知道自己的长处在哪里，爱好在哪里，优势在哪里，然后瞄准这个方向不断地精进。

最后是要持之以恒。成功和失败，有时候只是一线之隔。有的人之所以比你厉害，无非是他们比你坚持得更久一些，比你更有耐心一些，比你更能熬一些罢了。

真正努力的人，从来不会焦虑。他们只会按着自己的步伐，坚持不懈地，一步一步去靠近目标。

你要相信，所有艰难的时刻终将过去

你有没有经历过失恋？那时的你有没有觉得自己一辈子不会再爱了，也再不会被人爱了？你以为一辈子也走不出失恋的阴影，可如今的你，再提起那个曾经爱过的人，是否也从歇斯底里变得云淡风轻了？

前几天，我在朋友圈看见阿敏晒了一张跟新男友的合影。照片里的她神采奕奕，笑靥如花。我看着照片，不由得想起两年前那个宣称再也不恋爱的姑娘。

阿敏跟前男友熬过了毕业分手季，走过了事业艰难期，挺过了父母的最后一关，本来好事将近，可男友的前任突然回心转意，于是男友狠心地跟她分了手。

那时的阿敏白天看似与常人无异，勉强撑起一颗受伤的心，跟同事依旧有说有笑、逗趣打闹，但到了晚上，她一个人在房间痛哭，伤心欲绝。那时的她感觉自己似乎到了人生的绝境，想着最爱的人居然不再爱自己，一颗心就空落落的，不知该如何安置才好。

可看着阿敏如今的状态，我终于知道，原来人生最痛苦的事不是没人爱，而是失去了爱的能力。不管你曾经被伤害得有多深，你总要相信，生命里会有一个人的出现，让你原谅生活之前对你所有的刁难。

　　跟莎莎路过一个楼盘，莎莎指着靠公路的一处房子，骄傲地对我说："你看那栋楼的12层，以后就是我家了。"

　　我惊讶地看着她，然后不由得从心底佩服起这个姑娘来。

　　还记得几年前，莎莎是个随时拉着行李箱、每隔3个月就要搬一次家的人。那时，莎莎刚到成都，没有立足之地，工作也刚起步，正过着节衣缩食的生活，她租的房子基本都是最便宜的——当然，住在这样的房子里，问题肯定很多。一个70平方米的房子居然住着十几个人，夜里其他室友打牌喝酒、聊天追剧，声音大得让人无法入睡。有时遇到不爱卫生的室友，门前的垃圾放了四五天也不扔，炎炎夏日，房间里臭味熏天，别提多难受。

　　有一次，房东在她刚搬进来不到半个月就撵她走。那是一个寒风凛冽的夜晚，她一个人收拾东西，打包走人，然后找了一家通宵营业的快餐店，要了一杯咖啡，就这么撑了一夜。

　　莎莎说，那是她人生中最绝望的时刻。她当时在想，自己是否一辈子都会过着这种漂泊无依的生活，是否真的再也没办法在这里继续追梦。想到伤心处，她哭了起来，甚至还心生退意，想着要不回老家算了。可最后，她咬牙撑过来了，用踏实的努力和顽强的意志扭转了自己的人生。

　　谁都会有艰难的时刻，当你感觉全世界都要塌了却没人能帮到你

时，你可能没有意识到，真正能帮你的人只有你自己。你会发现，一咬牙一跺脚又是一天，然后所有困难都变成了过眼云烟。那些走过的路、吃过的苦，终究会成就更好的你。

记得我曾经最绝望的时刻，就是奶奶去世的那段日子。当时，我认为世上再也不会有人爱我了，我就像路边的小草随风飘摇，没了依靠。在奶奶出殡那天，我放声大哭，人生第一次感觉天旋地转，差点晕倒在地。

那段时间，本就瘦弱的我一个月又瘦了8斤。饭吃不下，觉睡不好，整个人如同失去了主心骨。

后来，我带着伤痛一步一步挺了过来，每年清明再想起逝去的奶奶，心会痛，泪会流，但伤心过后，我却知道了安慰自己，一切要向前看。毕竟我自己真正过得好，才是对亲人最大的安慰。

《了凡四训》里曾写：从前种种，譬如昨日死；从后种种，譬如今日生。

无论你面对怎样的困境，即便到了山穷水尽的地步，依旧要坚信还有柳暗花明的那一天。

人的一生，总会遇到大大小小的困难。在你最失意的时刻，甚至会觉得身边的一切都在跟你作对。

作家李爱玲曾说，流过的泪，要成为一条渡你的河；受过的苦，要照亮你前行的路。

别和往事过不去，因为它已经过去；别和现实过不去，因为你还要活下去。别跟别人、也别跟自己较劲儿，有阴影的地方，就会有阳光。

做想做的事，爱最爱的人，无论你曾遇到什么，现在正经历什么，一定要相信，没有跨不过的坎儿，只有不肯变好的心。所有艰难的时刻，终将过去。

给自己人生带来翻盘的可能

不知道你身边有没有这样的人，整天闲来无事把抱怨的话挂在嘴上，他们总是抱怨工作不顺，生活太苦，日子难熬。

似乎他们原本就应该过上幸福美好的人生，只不过当初遇人不淑，选择偏差，时机不对，所以才过上了现在不算坏但也绝不够好的人生。

他们通常会有这样的抱怨：

当他们在工作中找不到自己的定位，没有升职加薪的机会时，他们会抱怨当初选错了职业，认错了领导。

当他们家庭关系不和谐，夫妻之间有隔阂时，他们会抱怨如果当初选择B而不是选择A，那一定早就过上了更加幸福美满的日子。

当他们在生活中过得浑浑噩噩，日子越来越无趣时，他们会抱怨，如果年轻时不选择稳定安逸的小城生活，而是全力以赴去大城市闯荡，说不定现在早就过上了诗和远方的生活。

于很多人而言，大到选择跟什么样的人结婚，做什么样的职业，小到今天中午吃什么，要选哪条路转弯，每一种看似无关紧要的选

择，就构成了你今天的全部生活。

其实人一辈子的选择是很多的，任何一个环节的稍微调整，就可能给你的人生带来翻天覆地的变化。可无论你最后选择过怎样的生活，和什么样的人在一起，做着什么样的事，你最终都只能过一种人生。其实无论如何抉择都会有遗憾，有瑕疵，有不确定性。

所以没什么好抱怨的，任何好的、坏的、差强人意的、天时地利的选择，都是你人生的组成部分。

过去的已过去，你只有坚持可以坚持的，改变可以改变的，除此之外，抱怨毫无作用。

我认识的一个熟人刘哥，经常说的一句话就是，早知道当初，现在就不是这般光景了。

有段日子他手里有闲钱，但因为想着做其他投资，于是就没买房，现在房价飙升了，他才赶快去买。可好不容易摇了号买了心仪已久的房子后，他不仅不开心，反而觉得自己亏了。因为他总想着，如果他早一步买，花的钱要少整整三分之一。

他从上一家公司跳槽出来时，那家公司濒临倒闭，那时候他庆幸自己在领了最后一个月薪水后果断选择了离职。可如今那家公司东山再起，相同工作岗位的待遇简直就是他如今的好几倍，于是他又后悔当初不应该那么着急走。

他如今的妻子，是他大学时的同学，当时妻子虽然样貌身材都很普通，但彼此有感情，也决心共同奋斗。可这几年，当他遇到了初恋女友，回家就抱怨妻子人老珠黄，心想着当初为什么非要跟她结婚。

大概很多人都会有这样的感觉吧，无论做什么选择，总是会

后悔。

我们来深度剖析一下：你错过的好时机，也许跟运势有关，跟个人奋斗无关，所以你无法去抱怨上天；再者你抓不住好运气，跟你的胆识和眼界有关，跟外界因素没有任何联系，所以你无法去抱怨别人；最后，你是一个成年人，无论做任何选择，无论结果如何，你都要承担后果，所以更不必抱怨。

我曾经的同事娜姐，是我见过最理智、最有智慧的女性，因为无论面对任何事，我几乎从没有见过她抱怨。

比如，在选择销售方案时，偶尔的疏漏会导致结果不理想。如果换作其他人，一定怪当初的选择有问题，可她却就事论事，从错误中汲取教训。

比如，有好几次加班，别的同事都觉得大周末来守办公室很扫兴，可她却说，既然选择要来，就一定要让付出有价值，于是她像平时上班一样认认真真去工作。

又比如，她写的策划方案，本来几个都不错，而且各自都有利弊，她经过深思熟虑，多方权衡，从中选择了最适合的那一个。这时团队里有人抱怨，B方案可以让客户黏度更强，C方案里可以让成本降低，可她说，任何方案都不会十全十美，要懂得果断舍弃。

在工作和生活中，能如此通透的人其实特别少。我们每天面对的诱惑和选择真的太多，最后你会发现，其实无论任何选择都有惊喜和风险，都有它好的一面和坏的一面。

当你选择以后，如果结果并不如意，这时你要做的不是抱怨，而是从自身出发。有些选择是你无力改变的，这时你只有选择坚持下去，生活才不会越走越难。而有的选择如果你再次做出调整，也会有转机，这时你可以试着去尝试新的突破口，或者扭转方向，也有新的可能。

这其中任何一种方法，都好过你无谓的抱怨。

我家小区有个李姐，她是个特别纠结的人。买个打折蔬菜，总是嫌弃不够新鲜；打个出租车赶着去办事，又嫌弃起步价太贵；女儿高中毕业选热门的会计专业，她觉得不如冷门的考古专业更稀缺；老公有份稳定的工作和收入，她又羡慕别人家的老公是自由职业者，时间充裕，挣的钱多；就连自己，她也总是抱怨，如果当初去北上广发展，她就不会成为小县城里精打细算的家庭主妇。

生活里这样爱抱怨的人大有人在。他们出去旅行，总是抱怨不如在家吃住舒服，待在家里，又总觉得太无聊；买价格贵一点的东西觉得花钱，便宜的又嫌弃质量不好；选择一个老实人结婚，觉得他不够浪漫，牵手一个美女结婚，又觉得她不会做家务活儿。

任何选择都不会十全十美，都是有代价的，甚至在你选择其中任何一个选项时，就注定丧失另外一种权利。

其实抱怨只会让自己的心情受损，而不会改变自己的境遇。这个世界从来不会因为你抱怨就可以让日子好过一些，反而抱怨久了，整个人也会变得消极怠慢。

而当你学会克制住那颗后悔、懊恼、遗憾的心，把重心放在当下所做的选择上，你就会发现：

生活其实并不会因为你偶尔的选择失误，就将你打入谷底，也不会因为几次意外的歪打正着，就让你从此过上无忧无虑的好日子。

　　你若不努力，不经营，不成长，照样会在好选择面前制造出坏结果。反之，**你若采取积极从容的心态去面对所有已做的选择时，你也可以给自己的人生带来翻盘的可能。**为自己的选择负责，这是我们每个人都必须明白的简单道理。

你最大的底牌，就是实力

前几天我正上班忙着工作，刘姐给我打了一个电话，我以为她在这个时间段找我，一定是有重要的事。结果她问我，公司还缺不缺人，如果有合适的岗位，她想来试一试。

当时我很惊讶，刘姐在原单位干得好好的，怎么突然就辞职了？聊了一会儿，我才知道事情的原委。

刘姐是她们公司的老员工，领导们都很赏识她，她也一直很有干劲。可近来公司做了重大的人事调动，如今，部门新领导就像是跟她有仇一样，总是在工作中不断挑刺和找问题。

其实刘姐在工作上并没出什么大娄子，而且也不用担心会被无故辞退。新领导虽然不喜欢她，但不过就是出于私人的性格不合。

但当时刘姐感觉自己受到了奇耻大辱，于是想着此处不留爷自有留爷处，很快她就辞了职。

如今的刘姐每天奔走于人才市场，虽然也有很多合适的岗位，但各方条件都不如从前的公司好。

刘姐在职场打拼多年，但毕竟没有绝对优势，因此一切从头再

来，对于一个30多岁，体力和精力都在不断下降的女人而言，更是难上加难。

她后来也很懊悔，觉得自己不应该只因跟新领导赌气，就果断舍弃了自己积累10多年的职场人脉和资源。

在职场上，无论你再怎么优秀都会有人不喜欢你，故意针对你，给你穿小鞋。有些人在这时候就特别容易意气用事，动不动想换一个环境，换一份工作，以为换个领导就好了。

虽然有人曾说，只要你有本事，到哪儿都是铁饭碗。但多数人，只是在工作中有点儿能力，根本就没有说走就走的硬本事。

辞职那一刻感觉自己特别牛，一旦冷静了下来，才知道当初的冲动行为是多么幼稚。

在职场上，那些动不动就喜欢意气用事的人，总要吃许多哑巴亏。

记得朋友跟我说，她们部门的女同事沐子曾跟领导在办公室公开互撕。

其实吵架的起因只是一件很小的事。沐子做了一份工作计划拿给领导看，领导随意翻看了几页就扔给了她，让她拿回去重新再写。当然说这话时，语气稍微有些激动和不耐烦。

当时的沐子突然就火冒三丈。她觉得自己熬夜写了三天三夜的计划，领导居然不仔细看看就断定她写得不好，于是没忍住向领导发了飙。

领导见她如此激动，就说："你自己看看，第1页错别字都还有好几处，你敢说你是用心写的？"于是一来二去，两个人就杠上了。

后来虽然沐子也跟领导道了歉，但从此以后，领导再也不像从前那样栽培她。一遇到重要的工作也不再分给她。对她不管不顾后，她才开始感觉到不安。

当时，我问朋友怎么看这件事。朋友说，其实看似这位领导不够大度，但领导也是人，也有情绪，你不可能要求所有人都能做到完全不计前嫌。

再者，一个遇事如此冲动，受不得丁点儿委屈的员工，情绪太不稳定，任谁也不敢再继续重用。

职场是一个没有硝烟的战场，当你底气不足，实力不够，情商欠缺时，永远不要让你的脾气大于能力。

很多时候你受到的委屈和不如意，在当时看来是绝对不可忍受的。可如果你稍微静下来想一想，有必要为了一些非原则性的问题，甚至自己也有错在先的情况下，大动肝火，然后甩脸色，动脾气，扯嗓门吗？

也许发泄情绪的那一刻，你是感觉心里很痛快，可事后你不知道影响有多严重？

职场不是你的家，你的领导、同事、客户也不是你的家人，你永远不知道因为你的意气用事，会错过多少好机会，也不会知道也许只是偶尔一次无心的脾气，会让你在职场上伤及多少元气。

朋友强子前不久被公司公开点名批评，甚至还差点丢了工作。

其实强子的工作能力非常强，业绩也不错。之前公司考虑他是异地，还特别给他在市区租了一套房子，提高了他的薪资待遇，对他格外照顾。

以前强子刚入职的时候，对客户的要求有求必应。即便客户的要求太苛刻，他也总能随机应变，默默地承受着委屈。

也许是强子在公司混久了，又常受领导表扬，就有点飘飘然，自以为是了。

强子有个客户，平时上班时间不找强子，非要利用周末时间，不顾他是否有空，一个电话打来就要让他半小时内必须赶到，修改方案。

有一次，客户又在下班时间让强子去谈工作，强子直接在电话里跟客户发了脾气。没想到话一出口，他就知道自己摊上事儿了。

心高气傲的强子原本以为在公司大家都对他好，是因为他的人格魅力，其实他全然不知领导赏识他是因为业绩好。

在职场没有永远的朋友，只有永远的利益。

在工作中，尤其是服务行业，客户当然都是形形色色的人，你不可能要求每个人都站在你的角度为你考虑，也不是每位客户都有素质讲礼貌，或者有高情商。

虽然这个客户脾气有点怪，但却是公司最重要的客户之一。最后强子还是灰溜溜地去给那位客户道了歉，才挽回了公司的部分损失。

你最大的底牌就是实力，职场看中的从来不是你的辛苦程度，不是你的工作过程，而是最后的结果。工作中的一些委屈，在你没有能力时，最好不要意气用事，破罐子破摔。

很多人都有个错误的观念，总是在职场上去寻求所谓的绝对公平，试图找到脾气好的领导，性情温和的同事，善解人意的客户。

当你在社会摸爬滚打几年后，你终会知道，你自己有多少本事，社会才会对你有几分公平。

不要矫情，不要脆弱，不要一受挫就感觉自己受到了天大的委屈，然后要为自己打抱不平。

在社会上有这样一个现象，越是有本事的人越懂得深谋远虑，越懂得控制自己的情绪；而越是没本事的人，遇事越心急火燎，一副绝不妥协的样子，脾气也特别大。

可一旦你冷静下来想想，当在工作中遇到问题时，发了脾气又能怎样？跟领导对着干又能怎样？在工作中闹情绪又能怎样？

你最终会发现，你的意气用事，小则让你在事业上受些排挤和委屈，大则直接断送你的大好前程和升职加薪的好机会。

在职场上，你更多的是需要不断地提升和修炼自己，职场不是让你来发脾气的，它是让你来解决问题的。职场也不是个随随便便的地方，你要时刻为自己的一言一行、一举一动负责。

杜月笙先生曾说过一句话：头等人，有本事，没脾气；二等人，有本事，有脾气；末等人，没本事，大脾气。

职场从不喜欢、不重用、不看好意气用事的人！请记住，永远不要让脾气成为你最后的底牌！

你要学会屏蔽负能量的人

某晚，我在朋友圈看见远在国外的娟子发了一组旅行照，我刚打好字本准备给个好评时，照片底部却显示，对方已经删除照片，无法评论。

于是我私信娟子说："这么美的风景，删了多浪费啊。"

没想到娟子立马语音回道："我也觉得很不错，心情本来很好的，可刚发到朋友圈，我一同事居然说我太炫耀了，就跟没出过国一样兴奋。"

我安慰娟子，也许人家只是调侃，不要当真。娟子没好气地说："她是我们公司典型的刀子嘴，经常损人不带脏字。"

娟子情绪非常激动地说："你穿好看一点，她说你物质；你穿朴素一点，她说你长得像老大妈；你经常待在家，她说你闷；你爱出去玩儿，她又说你不顾家。反正，她就是见不得别人过得比她好。"

听娟子这么一说，我猜到了她秒删朋友圈的原因。

大概我们每个人的身边都有这类负能量的人，这种人也许是你那多嘴的同事，也许是那爱管闲事的邻居，也有可能是喜欢插足你家事

的亲戚。而在现实生活中，你又不能跟他们撕破脸。总之，你不喜欢他们，却又无法真正摆脱他们，因为抬头不见低头也要见，平时不见过年过节也要打个照面。

可你有没有发现，很多时候你过得不开心、不愉快，过得憋屈，并不是真过得不好，而是仅仅因为这一小撮人对你的坏影响，导致你情绪不佳，心情烦闷，暴躁易怒。

其实你应当明白，无论你再好，也会有人不理解你，讨厌你，故意针对你。

不要因为别人的闲言碎语就乱了阵脚，失了分寸，扰了心智，毕竟生活是你自己在过，你生活的全部意义不是为了让别人开心满意，而是负责让自己活得舒坦自在，所以你没必要耗损心力去跟负能量的人较真儿。

小区里有对夫妻，刚结婚不久，经常吵架拌嘴，弄得乌烟瘴气。其实吧，两口子本身感情没什么问题，就是被一些流言蜚语给"绑架"了。

妻子家境优渥，年纪比丈夫大两岁，而丈夫虽然家里不算穷，但现在正处于事业奋斗期，财力要比妻子差一点。

两人结婚时，双方父母也无异议。但婚后很多嘴巴碎的邻居就妄言，这段婚姻不会长久。因为妻子长得又老又不好看，但丈夫长得又帅又年轻，这明显是丈夫对妻子另有所图。

本来这是一群无聊的人随口乱说的，可妻子听到的次数多了，心情自然就受影响，虽然她相信丈夫不是这样的人，但心里总有疙瘩。而丈夫呢，大概猜出了妻子的顾虑，于是两人经常闹得不愉快。

妻子是个外地人，为了跟丈夫在一起才特意辞了工作，到陌生的城市生活。每次出门时，不怀好意的邻居总会提醒她，要盯紧你老公，男人都花心。

其实平日丈夫对妻子挺好的，可如今听人家反复提醒，反而就不自觉地胡思乱想，随时提心吊胆，过得非常没有安全感。

在生活里，我们的生活难免要被放在太阳底下，作为别人闲来无事的谈资，我们也难免会活在别人的嘴里、眼里、耳朵里。当别人恶意抨击你，甚至挑拨离间说些伤感情的话时，千万不要上当。

如果你真把这些话当了真，就正好应验了他们的说法：你看吧，我就说了他们不合适，他们婚姻肯定不幸福，女孩子就不能远嫁给比自己穷的男人，诸如此类的。

生活是个大道场，里面形形色色、三教九流的人都有。当你遇到那些添油加醋的人时，你要做的是把自己的日子经营得越来越好，而不是被周围的不良言论所左右。因为你一旦过得不好，人家除了当一个旁观者看你笑话，根本不会帮到你一丁点儿。

刚工作不久的表妹跟我打电话诉苦，她说自己在公司太出风头了，所以最近很多同事突然故意不理她，甚至给她穿小鞋。

于是我问表妹，在公司做了什么讨人厌的事。

表妹委屈地说："其实我真没有做什么出格的事。只是在开会讨论时，当其他人因为新想法会产生新的工作而缄口不言时，我大胆地提出了很多设想；当领导要资料，很多人都说需要1周完成时，我加班加点3天就提前做了出来；当公司要组织集体活动，很多人都故意推诿时，我总是能腾出时间积极地去配合。"

听了表妹的话，我知道她遇到了一群职场老油条，而并非她故意在领导面前哗众取宠。

我安慰表妹说："没事儿，我觉得你做得很棒。你要一直保持这样的工作状态，多做少说，努力把自己的基本功打扎实。不要在乎那些整天无所事事，还特别爱挑事的同事怎么看你，而是要把关注点放在自身的成长上。"

其实很多人在职场上，或多或少会受到那些不思进取，只管混日子的人的影响，然后他们为了让自己看起来很合群，看起来活得很规矩，就跟这群人共进退，可到最后你会发现，这样的做法真的会得不偿失。

年轻时，如果我们在工作中，过早地学会了耍心机，推责任，磨洋工，这样的你，到最后只会一事无成，不会有什么真正的作为，而且也随时会有被老板炒鱿鱼的可能。

其实，聪明的人从来都懂得不去理会那些本来负能量满满的人，因为很少有人是真正希望你过得好，希望你每一天都有进步，希望你有一个金灿灿的未来。他们拉你下水，只是为了让你同他们一起平庸地活着，并不是真的对你好。

如果你在本该奋斗努力的年纪，因为不上进的人的不喜欢、不理睬、故意孤立而试图去活成他们喜欢的样子，那你的人生才真正地亏大了。

这个世界有许多正能量的人，他们无论看待何事，都能投以善意、包容、理解的眼光。但社会同样也存在许多负能量的人，他们眼里充斥着恶意、小气、不美好。所以每个人在生活里，都需要有一双

辨别真伪的眼睛和过滤不友好评论的能力。

有这样一个故事：在古代，有个人有着非常特殊的习惯。每次与人起争执的时候就以很快的速度跑回家去，绕着自己的房子和土地跑3圈。

后来因为他工作非常勤劳努力，他的房子越来越大，土地也越来越广，但不管它们有多宽广，只要与人争论而生气的时候，他依旧沿袭此方法。

他年轻时，人家问他为什么要这么做。他说："每当我和人吵架、争论、生气时就绕着房子跑3圈，边跑边想，自己的房子这么小，土地这么少，哪有时间和人生气呢。一想到这里，气就消了，回去把所有的时间都用在努力工作上。"

等到他老了，他还是如此。孙子问他："你怎么还是在跑啊？"他说："土地这么多，想想还是一团和气好些，何必和人计较呢？一想到这里，气就消啦。"

我想，我们无法决定身边人的品质和性格，但我们可以选择从心中屏蔽掉那些负能量的人。与其跟这类人在无关轻重的小事上斗气、怄气、生气，还不如把这个时间和精力用于充实自己，无论是增加外在的财力，还是提升内在的素质，都好过去做无畏的纠缠。

你总是如此轻易地放弃自己

表姐生日，我买好蛋糕和鲜花准备为表姐庆生，可到了以后我见她似乎又胖了不少，腹部的赘肉跟那条剪裁精致的裙子简直格格不入，而且当天她忙得没空洗头，连妆也没化一个。

我跟表姐开玩笑："今天你是寿星，怎么能允许自己穿得如此随便和邋遢呢？"

表姐无奈地说："人胖了怎么打扮都不好看啊。"

我表姐曾经是个身材火辣的大美女，从前的她，无论穿什么都像是量身定做，随便往哪儿一站都是一道风景。而如今自从生了闺女以后，她胖得连出门都怕遇见熟人。

表姐试过很多方法减肥，可每次都因为坚持不下而放弃。

她曾经通过运动法减肥，可每天要早起晨跑，晚上还要坚持散步，刚开始几天她还特别有毅力，颇有一种不减20斤肉就不是好汉的雄心壮志，可才坚持不到一周，她早上就赖床不想跑，晚上回家就躺沙发，她说每天累得多动一下骨头都要散架，于是就放弃了。

她还试过控制饮食法减肥，试图杜绝一切高热量的零食和不必要

的饭局。可在空闲时间，只要一追剧，薯条和炸鸡一定是标配，晚上朋友一呼唤，啤酒加烧烤吃到12点也是常事。

表姐说，不是她不想坚持，而是总管不住自己的嘴巴，也不好拒绝别人的邀约。于是控制了几天的饮食后，减肥计划只得作罢。

在现实生活里，有多少人在减肥这件事上屡屡失败？减肥真有这么难吗？虽然这个过程肯定艰辛，可也不乏有坚持下来达到瘦身效果的人。而那些提早自我放弃的人，他们总能为自己的临阵脱逃和半途而废找到看似合理的借口和理由。

有人曾说，你连体重都控制不了，何以控制自己的人生。是的，**你总是如此轻易地放弃自己，在未来的生活里势必会错过很多好运气和好机会。**

强子和王刚是我大学的同班同学，大学毕业以后他们同时去一家公司做销售工作。其实，论能力和聪明要属强子更优秀，但他有个坏毛病，就是凡事都太急功近利。

刚开始他们公司需要长期加班和出差，工作任务特别重，工作压力也很大。强子在这家公司干了不到两个月就想辞职。因为他觉得这份工作不仅累，而且工资还很少。

当时王刚劝他，如今我们的工作能力一般，无论到哪儿工资也不会高啊，还不如就利用这份工作，好好跟其他同事拜师学艺，提高技能水平，到时候再跳槽也有底气。

可那时的强子，根本听不进去，果断选择了辞职。而王刚却利用这段默默无闻的时间，努力工作，积累工作经验。他常常为老板安排的一个看似并不重要的任务，而做出十几套方案，然后择优选择，从不嫌麻烦。他也会为了顾客的一个小小要求，加班熬夜改方案，直到客户满意。

就在这两年，强子换了至少有5份工作，可越跳槽越糟糕，如今依旧是一个在人才市场被用人单位挑来挑去的新人。而王刚却因为出色的工作成绩和脚踏实地的工作态度，得到了领导的认可，如今晋升为部门经理，薪资待遇比从前翻了好几番。

强子知道后特别不服气，他说早知道连智商和情商都不如我的王刚都能当管理者，我当初就不该辞职，坚持下来说不定我也能做出一番成绩。

其实这个世界哪儿有那么多"想当初"啊，有太多人在职场上三心二意、心猿意马，既嫌工作累，工作辛苦，又不肯下功夫为自己争口气。

我们总以为凭借自己的能力和水平一定会找到比目前更好的工作，殊不知一个人若加几天班就想辞职，压力一大就想跳槽，任务一重就想拉倒不干，这么容易放弃，又怎么有能力和担当干好更高薪、更有挑战性的工作呢。

娜娜公司成立10年之际，公司老总准备做一个周年庆活动，规定每个部门都要表演一个节目，而娜娜是公司的行政部经理，自然也少不了冲锋陷阵，一展风采。

别的部门，有的同事钢琴过了10级，有的同事绘画水平达到了专业级，还有的同事书法展示获得过市级二等奖，她看了看大家都有拿得出手的兴趣爱好，想到自己无一技之长，歌唱不好，舞跳不好，一上台就紧张到说不出一句话，不由得深深叹息。

其实娜娜曾经也上过各种培训班，可练书法时因为练字太单调，于是就不练了；学画画时因为素描太枯燥，就不画了；学钢琴时因为弹奏太辛苦，于是就不学了……

当这次她想在众人面前好好表现时，却因为过早放弃曾经的兴趣爱好，而失去了大好机会。

其实做任何事都不是一蹴而就的，成功也不是一天、两天，或者一个月的短暂积累和沉淀就能获得的。有时候甚至需要你咬牙坚持好几年才能逐渐看到自己的进步和变化。

有人曾说，凡是能让人变好的事做起来都不会太轻松。如果你想要拥有漂亮的手写字，就要坚持练字，一笔一画好好写下去；如果你想要描绘出神入化的作品，就要耐住寂寞，一幅一幅地好好画下去；如果你想要奏出悦耳动听的曲子，就要不厌其烦地每日练习。

很多事并不如我们想象的那样难，让人感觉难的从来不是努力本身，而是努力坚持。其实只要你足够坚持，再大的梦想也可以一步一步实现，但当你过早放弃自己时，再小的习惯也不易改变。

有太多人不够坚持，于是很多美好都与自己失之交臂。如果你这么轻易就放弃了，那本属于你的一切美好也将轻易地放弃你。

想想我们的一生放弃了太多东西，小时候考试失误一次，就放弃了努力学习；长大后谈恋爱，被分手一次，就放弃了大胆表白；工作后被老板痛骂一次，就放弃了自我成长；就连自己追逐的梦想和想要的生活，也因为有些许难度，于是也放弃了。

我们总是太轻易地放弃自己，总是在不断跟世界妥协。于是我们放弃了太多东西，最后只得庸庸碌碌地过一生。其实很多人很多事，不一定坚持就有希望，但不够坚持就一定没有希望。

曾经有人问俞敏洪："俞老师，我坚持好久了，为什么一直看不到成绩？"

他回答道："坚持再久也是没有用的，关键在于你是否继续坚持下去。你只有一次一次坚持，在没有希望的时候依然坚持下去，你才能看到变化。"也许再坚持一点点，就可以拿到胜利的钻石，但多数人就是在差一点点的时候放弃了自己前行的道路。

蔡康永曾说过一段话："15岁觉得游泳难，放弃游泳，到18岁遇到一个你喜欢的人约你去游泳，你只好说'我不会耶'；18岁觉得英文难，放弃英文，28岁出现一个很棒但要会英文的工作，你只好说'我不会耶'；人生前期越嫌麻烦，越懒得学，后来就越可能错过让你动心的人和事，错过新风景。"

当你放弃时，只有一小段日子很轻松，后面的一辈子都会越过越难。而当你坚持住，尽管前段日子会很难，但未来的每一天都会越活越轻松。

真爱不是一下子把你感动晕

有一次，跟王哥一起去出差，晚上我们在路边吃烧烤，据说那里的火盆烧烤是出了名的好吃。

那天人特别多，排了好长队伍，已经饥肠辘辘的我们，在食物烤好后就开始狼吞虎咽。可只有王哥，站在一旁用手机拍照，还记下了这里的地址。

可我知道，王哥平时从不发朋友圈和说说啊，他拍来干啥呀。后来王哥说，我拍给我媳妇看，如果她想吃，明年年假就带她来这家。

说这话时，王哥脸上溢出了甜蜜的微笑，这跟在工作中一丝不苟，从不提及儿女私情的他，恍若两人。

那次出差临走前一晚，大家都想待在酒店好好休息。可只有王哥分明都那么累了，还说要到商场去给老婆带一些特产回家。回来时，居然还带了一副具有民族特色的绿色耳环，他说，在橱窗外突然看到了，就想起老婆刚好有一条绿色长裙可以配啊。

这可羡慕死了不少团队里的"单身狗"。

王哥是出了名的疼老婆，做什么都会想到她。就连公司外面新开了一家小笼包店，他也会因为那肉馅儿比他家门外的好吃一点点，就非要不嫌麻烦地给老婆买回家尝尝鲜。

这个世界上真正爱你的人，不是那个你过个生日才会想到你，过个节才会送你礼物的人。真正的爱是落入平常的柴米油盐里，我吃到什么都想留给你，看到什么都想带你去，我想把我所有的好都给你。

我们都说女孩要嫁就嫁给一个对你好的人，而只有一个人打心底里在乎你、心疼你、呵护你，才会满脑子都是你。

也只有心里装有你的人，才会无时无刻地，自然地，随性地，不刻意地想到你，才会把对你的好落到琐碎细节里。

刘姐跟张哥结婚17年了，可感情一直很好。

比如刘哥有一次加班到了晚上8点多，当有同事留他一起吃饭时，他突然想到，老婆是不是还没吃？于是急匆匆地赶回家，在回去路上看到有小摊贩卖她最爱吃的糖炒板栗，也会停下脚步给她买回家。

还有一次他们刚买了车和房，家里经济条件有些紧张，可当他回家发现隔壁女邻居穿了一件很漂亮的红色大衣，于是问了邻居在哪儿可以买到。当时女邻居还以为他是夸她漂亮，没想到他是想给她老婆买一件，说老婆穿上也一定很漂亮。

甚至有一次他用手机看报，当看到类似于这样的标题《长期熬夜对女性的严重危害》时，他就会第一时间给老婆打电话，"训"她以后不准熬夜，不准晚睡，不准睡前玩手机。

当你爱一个人时，你满脑子都是她。你对她的好就如蓝天白云般相随，高山流水般互补，红花绿叶般搭配。

你根本不会忘记，也不会刻意记得，而是自然而然，不由自主地做什么都会想起她。

还记得《麦琪的礼物》里，为了给丈夫买一条白金表链做圣诞礼物，妻子卖掉了一头秀发。而丈夫出于同样的目的，卖掉了祖传金表给妻子买了一套发梳。

当你爱一个人的时候，你就想全心全意对她好，你做什么都会想着她，甚至是牺牲自我所好，也要成全爱人所爱。

爱是惦记，是想念，是心里住了一人，只要你有，只要她要，你定会倾尽所有和所能，跟她分享这世间所有美好的东西。

欢欢拒绝了正在追求他的男友，对方有车有房有存款，这在老一辈的人眼里，嫁给这样的人，至少以后生活是有保障的。可欢欢说，他心里根本没有我，再好的条件也是白搭。

比如，有一次他请欢欢吃饭，点菜时全桌的菜都是他爱吃的，而且吃到好吃的，就往自己面前放，根本不顾及欢欢是否够得着。

他请她看电影，也从不征求她的意见，自己喜欢看惊悚片，就只顾看同类型的片子，这让本是文艺小公主的欢欢，特别受不了。

欢欢说，这样类似的事情太多了，他请你出去玩，从不问你有没有时间，直接告诉你时间和地点。你心情不好时，他根本不安慰你，只顾今天股票大赚一笔特别开心。

当别人劝她，男孩子嘛，总是有些大大咧咧，他心思不会如女孩子那样缜密。可她说，这不是性格问题，而是不够爱。

因为当你真正爱一个人时，你又怎会察觉不到她的情绪，怎会不照顾她的心情，怎会只图自己开心。这世上从不存在自私的恋人，只存在没把你看得很重要的人。

爱情其实就是你还没哭时，他也懂得心疼你，你还不够累时，他就给你依靠。拥有一个懂自己爱自己的人，不管他有多少，总是把最好最多的留给你。

如果你爱一个人，你会不遗余力地花时间和精力对她好，宠爱都来不及，怎会充耳不闻，不理不顾呢。

有人说爱一个人，就要注意细节，要在平常的小事里体现出你对她的好，其实真爱一个人哪儿需要特别注意些什么。

如果爱长在了心里，它就如人需要一日三餐、吃饭睡觉一样简单，但凡太刻意，但凡记不起，都因为爱得不够深。

真爱不是一下子把你感动晕，而是细水长流地对你好。

爱你的人不是那个偶尔带你出入高档餐厅的人，而是那个即便在路边摊看到烤红薯也会想起你爱吃的人。

爱你的人不是出手阔绰，心情好就带你买买买的人，而是那个即便没钱，也惦记着夏天热了你有没有短T恤，冬天冷了你有没有羽绒服的人。

别人秀恩爱，在乎的是自己的甜言蜜语是否能打动观众的心，而爱你的人连你的基本温饱都会考虑到。

一个人是否在乎你，不是看他唱了多少情歌，聊了多少情话，而是看他是否在肚子饿的时候，想到你会不会饿，清晨起床担心你冷不冷，晚上睡觉担心你失不失眠的人。

那个有好吃的忘记你，有好玩的不想带你，有好事就喜欢独享的人，真的不爱你。

　　真正的爱从来都是朴实无华的，它们落在平常的一蔬一饭，一行一日里。

　　那个即便在平常生活中也满脑子都是你的人，才是真正爱你的人。

什么女人有资格任性

跟刘姐一起吃饭，她穿着一条纯白的长裙。夹菜时，她不小心把菜油滴到了衣服上，但她居然只是随便用纸巾擦了擦，然后说："不管它了，回家反正有老王洗。"

当时我听了以后特别震惊，刘姐口里的老王，是跟她结婚16年的丈夫，如今在一家企业任高管。我对刘姐说："你也太幸福了吧。"

刘姐见我如此惊讶，跟我讲起了往事。他们刚结婚那会儿，跟父母住在一起，那时刘姐的手经常会过敏起斑。但为了让刘姐在二老面前塑造一个贤妻良母的好形象，刘哥经常关着卫生间的门偷偷帮她洗衣服，洗好之后，让刘姐拿到阳台去晾晒。

晚上吃完饭，王哥假装在厨房陪刘姐说话，其实是让刘姐待在一边，他来洗油腻腻的碗筷，收拾杂乱的灶台。这么多年过去了，只要王哥在家有空，他一定会帮刘姐分摊家务。

这让我想起，有一次跟他们夫妻二人外出郊游，当时刘姐手弄脏了，需要餐巾纸。王哥就很自然地从包里拿了几张出来。我当时对王哥说："你真细心。"谁知道王哥说："你刘姐特别粗心大意，又特

别懒，只要跟她出门，我包里一定会带削水果的小刀、雨伞、防暑药之类的，都是为她准备的。"

我当时特别感动，刘姐虽然结婚多年，但一直是个不食人间烟火般的女人，凡事不管不问，有王哥护她周全。

其实并不是谁都有这样的好运，有人就曾说，被爱的人，才有资格偷懒。

是啊，只有被人爱着，一个女人才可以变成懒人。不是她不会做，而是有人帮她做；不是她凡事欠思考，而是有人替她铺好了一切。

那些在感情生活里，有偷懒资本的女人，能让另一半洗手做羹汤，弯腰做家务的女人，不是她们的老公多么体贴温柔，不过是因为被爱着，所以才会被心疼。

我家小区有个家庭主妇张姐，她的老公在异地工作，每到周末才能回来。

平日里张姐照顾一家老小，家里的电线短路她自己看，马桶坏了她自己修，就连做饭时手不小心被划伤，她也可以气定神闲地继续做饭。

张姐力大如牛，可以一手抱娃，一手提菜，然后一口气爬到7楼，根本不在话下。可只要到周末她老公回家以后，她洗床单要让老公帮她一起拎，抬张桌子也累得气喘吁吁，非要老公搭把手才行。

晚上两个人在家时，她会嗲嗲地让老公帮她捏捏背捶捶肩，帮她端茶递水，全然做出一副柔弱的样子。要知道平时，她即便忙了一天，也还有劲儿做50个仰卧起坐。

有一次她骑车送儿子上学的路上，被一辆车子剐擦，受了比较严重的伤。当时她的父母来看她，问她疼不疼。她看似云淡风轻般说道："小伤过几天就好了。"

可当她老公赶到病床前时，刚才还在笑的她，突然眼泪就哗啦啦掉了下来，一副委屈样儿，指着伤口眼巴巴地望着老公，哭得更厉害了。

其实我们会发现，在生活里，任何一个懂撒娇的女人，其实并不是个个都温柔弱小，不过是有个人宠着，有人爱着。

有人曾说，撒娇的女人最好命。可我觉得女人不是因为撒娇才有人爱，而是被人爱了，所以才有资格撒娇。试问普天之下，哪个女人不会撒娇，而那些女汉子不过是被世事所逼，不得不坚强而已。

只有被爱的人，才有资格不坚强。

其实女人天性就爱撒娇，但只有遇到真正爱她的男人，才会卸下满身的盔甲，展露自己的本性。

一个女人要独立是好事，但在爱人面前还有资本撒娇，这样的女人一定过得很幸福。

娜姐刚满30岁，在我眼里她是个成熟知性的女人。可有一次跟她的老公刘哥一起聊天时，我提到娜姐的善解人意和温和大方，刘哥笑道："她在我面前啊，简直就是个'小魔头'。"

娜姐在工作中从来都是温言细语，情绪非常稳定。但一回到家，她就因为工作中的压力，偶尔把刘哥当出气筒。

有一次，娜姐因为工作中出错被领导骂了几句，回家以后她就各种不开心，刘哥问她想吃什么，她面无表情地说："随便。"刘哥好

心提醒她，不要长时间趴在床上看手机，她更是火冒三丈，说："你管我？"

每次刘哥都让着她，忍着她，也从不跟她斤斤计较。他说："她工作本来就辛苦，我不疼老婆，谁来疼呢。"

而娜姐也说："其实吧，我知道自己不对，以后要改正。但我有时心情的确很糟糕，但气不可以随便向别人撒，可唯有对他，我知道无论我如何任性，他都不会离开我。虽然这个逻辑不太对，但事实却也如此。"

娜姐平时非常宽以待人，也特别好沟通。可只要跟老公约好看一场电影，或者一起吃顿饭，如果老公有事爽约，或者耽误了几分钟，她就特别不开心，然后责怪老公对她不上心，夸张的时候甚至好几天不理老公，等他赔礼道歉以后，才能原谅他。不得不说在老公面前，娜姐颇有一点任性。

可他老公却说："她为这点小事发脾气，不过是因为她在乎我，想要我多点时间陪陪她，我当然要多担待些。"听他这么说，我终于知道了，原来娜姐的任性，是有人在后台撑腰，所以才如此"肆意妄为"啊。

张小娴曾说过，对你最好的那个人，换句话说，也是最好欺负的人，天下间的女人，总是最爱欺负对她最好的那个男人。

其实女人才不会随便"欺负"一个男人，那些任性的女人，不过是因为被爱着，才有了这样的资本。就如陈奕迅的歌词里所说：被偏爱的才有恃无恐。

有人说，一个男人只有爱你时，才会迁就你、包容你、宠着你。

如果一个女人感觉到自己被深深爱着时，她一定会表现得特别懒惰，特别爱撒娇，特别任性。

通常被爱的人才有资本懒惰，她可以随时发号施令，只要动动嘴，或者当一个甩手掌柜，总有人为她奔波劳碌。

被爱的人才有资本撒娇，她可以表现出手无缚鸡之力的柔弱和脆弱，总有人怜香惜玉，甘心做她的盔甲。

被爱的人才有资格任性，她可以胡闹生气，可以蛮横不讲理，总有人像疼女儿一般对她。

那些在感情里总是被宠着、惯着、捧着的姑娘，不是因为她有多好，也不是因为对方有多能忍，只是因为她们被爱着，所以才有了这样的资本。

对于感情，你要学会及时止损

阿娇最近喜欢上了一个男孩子，但是不敢明目张胆地追求他，于是想尽了各种办法，终于在朋友的朋友的小学同学那里，问到了那个男孩的微信号。

至此之后，阿娇找各种话题跟那男孩聊天。刚开始，阿娇在他午休的时候偶尔找他聊聊，可男孩总说工作太忙，不适合聊天。阿娇想着晚上下了班总有时间吧，于是忍住相思之苦，好不容易熬到了晚上，给他发了微信消息，正当阿娇刚进入状态，想多聊几句时，男孩说，今晚有些累了，早点休息吧，晚安。

这一句话把阿娇想要继续聊天的可能掐灭了，阿娇只能回一句，那你先睡吧，晚安。

刚开始，阿娇以为男孩真的有点累，也没太在意，毕竟男孩知道阿娇喜欢他，虽然没有明说喜欢她，但也没说不喜欢她，于是阿娇就以为自己还有机会。

可是后来阿娇每晚找他聊天时，他总是没聊几句就找借口结束话题，要么接电话，要么去加班，要么去洗澡，然后又是那一句，早点休息吧，晚安。

阿娇说，她其实每天都准备了好多话题跟他聊，为了不让他烦，还特意去了解了他喜欢的体育明星，看了他喜欢的武侠小说，听了他喜欢的摇滚音乐，可准备了足足3小时的话题，他却只愿意聊3分钟。

其实很多人都有这种感觉，当你兴致勃勃地找喜欢的人聊天时，他总是忙、有事、没时间，即便在深夜发无数条朋友圈，也会在当晚9点告诉你，他累了，想早点睡了。

那些跟你聊几句就不耐烦，想要尽快结束话题的人，真的不够喜欢你。那些在聊天中总是让你早点休息的人，其实不是累了困了，而是不想跟你聊，不想对你有空。

有个读者跟我说，感觉男朋友对她不够在乎，就是从每晚他总是很早地对她说"早点休息吧"开始的。

她说："以前男友追我的时候，可是费了九牛二虎之力，我的每一条信息他都会秒回，我发的任何一句话他都记得住，无论再晚，我说睡不着，他都会陪我聊天，真的就如把心掏出来般对我好。可后来他就很少找我聊天了，有时我主动找他聊，他也总说自己很累，想要早点洗漱睡觉。刚开始我以为他真忙，直到后来我才发现，那段'我先睡了，早点休息吧'的日子里，他居然跟另外一个女孩在一起看电影、聊天、约会。"

明白了吧，那些让你早点休息的人，不是真的想早休息，而是安抚好你以后，腾出更多时间跟喜欢的人在一起。那些说了早点休息，却没有真休息的人，不过是去找喜欢的人继续聊天谈心，嘘寒问暖罢了。

有人曾说，区别一个人爱不爱你，就看他跟你主动晚安以后是否真的睡了。如果他晚安以后还睡不着，那为什么不愿意把这多余的时间留给你？

以前我说"累了早点休息"的时候，他总说："早点休息吧，等你想说的时候再说，可以的话热水泡一下脚再睡，睡不着电话我。"

此招一出，就是钢铁般的心也能融化啊。可如今他说完"早点休息"，我再多说一句，他都不会回复我，我还真以为他累到说完一句话就能在两秒内闪睡。

通常只有我们爱一个人的时候，才会对她有耐心，愿意为她花时间，也在意她的情绪反应，可当不够爱的时候，我们关注的焦点就会转到自己身上，不想聊时，也就不聊了。不会像从前那样去考虑她有怎样的感受，她会不会不开心，她是不是还不想睡，她是不是还需要更多陪伴。

曾经有一句话是这样说的，全世界有那么多对你说"晚安，早点休息"的人，却没有一个对你说"睡不着我就陪你"的人。

田田跟男友因为微信上"早点休息"吵了起来，我当时知道后，对她说，不至于吧，这算多大点事儿啊。

田田说："你不知道我跟男友不是每天聊天，通常都是空了就聊聊，彼此都有自由的空间和时间，可就连这么少的聊天时间，他也不会好好把握，总是一副不想聊的感觉。比如，我前几天在工作中遇到了不开心的事，本需要他安慰，可他倒好，在微信上视频聊天不到5分钟，就一副很困，不想聊了的样子。每次我们因为聊天的事情吵架时，他总说我无理取闹，说完全是考虑到女孩子不应该晚睡觉，都是为我好。

他每次都说为我好，可他不知道，真正为我好，是多花点时间陪陪我，陪我聊聊天，这不过分吧，如果早点睡觉就能解决所有问题的话，那还需要男朋友来干啥，那还需要找他聊天干啥？"

田田说，她最不喜欢的就是在聊得正带劲儿的时候，他突然说不早了都累了，早点去睡吧。其实不是累，他不想聊才是真的。最不喜欢那些总是打着为你好的旗号，看似对你好，实则是为了自己的人。

有人说，如果不想聊，在刚开始就不要聊。最怕那些跟你聊几句，勾起你聊天的欲望后又突然戛然而止，不想陪你的人。

就如网上有个段子，你可以试着对一个异性打电话说："其实……"停顿一段时间，再说，"算了，没什么，早点休息……"然后挂掉电话。那些聊了几分钟就想快速闪退的人，给人的感觉就是如此，让你纠结，让你心中有未表达完的话，让你生气也找不到北。

其实感情啊，最怕不诚心，你若不喜欢，从一开始就拒绝。即便在中途没了感觉，也尽早了断，长痛不如短痛。不喜欢，又总给人希望，这是对感情不负责的态度。

曾经看过一段话："世界上哪来那么多一见如故和无话不谈，不过是因为我喜欢你，所以你说的话题我都感兴趣，你叫我听的歌我都觉得有意义，你说的电影我都觉得有深意，你口中的风景我都觉得好美丽。不过是因为我喜欢你。"

男孩们，可不能把我喜欢你，当成理所当然，当成可要可不要的选择。你也许不知道，一个女孩子愿意每天长时间地跟你聊天，就是喜欢你的意思，但若你不喜欢对方，就不要去伤害她，不要在你不喜

欢的女孩面前，充当表面上的好人。

很多人在感情里，总会找各种各样的借口来掩饰自己的不够爱。比如，总是忙到忘了她，总是想不起还有她，聊天的时候还没开始就想结束。

女孩子有时候是很倔的，对她到底是真情还是假意，她一秒就能察觉出来，是真的想休息，还是不想聊了，她心里清清楚楚。

所以对于感情，还是且行且珍惜，爱时就好好相爱，坦诚相待，不爱时，就大大方方，转身离开。不要拖泥带水，不要给人希望又让人失望，不要让那个苦苦等了你一天的人，在夜深人静好不容易等到你时，只得到你几分钟施舍般的聊天。**女孩们，如果一个人总是用敷衍的态度对你时，你要学会及时止损，与其拖着、伤着、欠着，还不如趁早结束这样的感情。**

你要明白，当你找他聊天，他总是对你没时间、没空、没精力，总说"早点休息"时，他首先是不想跟你聊，其次是不在意你，最后是不喜欢你，没有万一，没有如果，没有假设。

他爱不爱你，看吵架态度就知道

　　某天早上6点左右，我乘坐大巴车到成都，坐我旁边的是一位阿姨。路上她手机响了，电话那头有一个女性哭得泣不成声。原来这个女性是这位阿姨的弟媳，她这么早打来电话，是想让阿姨劝她的丈夫，也就是阿姨的亲弟弟，让他不要再打她，开门让她回家。

　　听阿姨说，这两个人经常吵架，而且每次吵，都是因为弟弟出去乱打牌，乱喝酒，要不夜不归宿，要不回来暴打自己的妻子，而且还经常一言不合就把她赶出门，然后手机关机，任由她怎么敲门求饶都没用。于是每次一吵架，她就只得找姐姐求救。

　　这让我想起了院子里的刘阿姨和刘叔叔。有一次他们两个人正吵得厉害时，刘叔叔看了看挂钟，立马跑去拿了刘阿姨的降压药，给她倒了温水，让她按时吃药，说是饭后半小时吃药不伤胃。

　　等刘阿姨把药吃完，她还是不依不饶说要出走，可刘叔叔立马抓住她说："你留在家里，外面风大，让我出去吧，你什么时候气消了，我再回来。"这可把刘阿姨感动到了，她说："我这下突然就气消了，你不用出门了。"然后两个人就自然而然地和好了。

我想真爱大抵就是这样，即便跟你吵架，我也知道心疼你，而不爱就是我跟你吵一次，就要折磨你一次。

有人说细节决定爱情的成败，其实最能看出她爱不爱你的细节就是他跟你吵架时对你的态度。

当人心情好时，你说什么都对，做什么都随你，这是常人都能做到的。可真正对你好的人，就是那个在他脾气坏到极点时，也舍不得对你下狠手伤你心的人。

真正爱你的人，生气归生气，但爱你这件事不能因为跟你闹气就不理你，爱你跟生气一点儿也不冲突。

表姐跟表哥，结婚3年，吵了3年，可感情却从没有因此受到影响。

有一次表姐感冒咳嗽，在去药店的路上，因为一件小事，两人吵了起来。表姐一边吵一边冷得打哆嗦，表哥见了以后，大冬天的在路上就直接把外套脱下来披在表姐肩上，然后帮表姐开了瓶咳嗽水递给她。

他说："不要以为我不生气，我只是不想在你病的时候跟你吵架。"其实每次吵架，表哥总能找到不跟表姐计较的理由。

有一次，表姐跟他吵完架，他默默地做好她爱吃的饭菜，喊她过来吃，但是她要摆摆架子故意装镇定，他看她磨蹭着不吃，总会再加上一句"快来吃吧，吃饱了才能有劲和我吵啊"，这话可把表姐逗乐了，"好啊，吃完我们再接着吵。"可每次吃完，两个人就忘了要继续吵架这回事。

其实单从表哥吵架时对表姐的态度，我就知道表姐当初为什么选

择嫁给他，而不是比他优秀百倍的前男友。

那时候表姐跟前男友在一起，只要一吵架，男友就关机一周，不理她，甚至还经常闹失踪，心情不好时还会说分手。

即便是认错，态度都是这样的：你说什么都对，我错了，行了吧。根本不走心也很敷衍，明显看出他口服心不服。

其实即便再相爱的人，谁又没点脾气呢？尤其在吵架时，爱护自己的自尊心是每个人的本能，可有的人却愿意放下本能，只因怕失去你。

而有的人，恨不得撕下你的面子，给自己脸上添光，证明你错了，他就开心了。

其实当吵架时，爱你的人在乎的永远不是谁对谁错，而是在乎你这个人。有多少人，把架吵赢了，却把爱人弄丢了；而有的人，宁愿受点委屈认个错，也愿把人留下来。

我曾经听过一个读者跟我讲她跟丈夫的故事。她与丈夫在临睡前吵了一架，到了睡觉的时候，她说宁愿冷死，也不跟丈夫盖同一床被子，于是就生气地把被子扔到中间去。

丈夫见状，说："你不盖我也不盖，然后也把被子扔中间了。"

妻子故作镇定，但心里却害怕他不先给她盖被子。过了3分钟，他拿起被子给她盖上说："我输了，可我好伤心，你都不心疼人家，比我狠啊！"

妻子这时候心里暖暖的，她立马高兴地转身抱住他说："不是，其实等你睡着了，我就给你盖了，我不是狠心，我都冷了，如果你不心疼我，我就冻死算了还盖啥被啊，可见我把你看得多重！"

看吧，真爱你的人，即便吵得面红耳赤，也害怕把你冻住，爱都来不及，哪儿还真有力气跟你闹别扭啊。而不爱就是，活该你冷，你挨冻我才消气。不要笑，还真有这样毒的夫妻。

还有一次，两个人吵架，闹得最厉害的时候说要离婚再也不见，丈夫还咬牙切齿地说，谁以后再联系谁就是条狗！说完便离开了家。两小时以后，他给妻子打电话，妻子以为他又要宣战，于是暴了青筋，扯大了嗓门说："你是要办离婚手续吗？"没想到，丈夫却小声地带着求饶的语气说道："汪汪汪，狗狗想你了。"

我说，这哪儿像是吵架，分明就是秀恩爱嘛。

其实真正检验爱情的是吵架，尤其看他跟你吵架时的态度。

恋爱时，每个人都愿意把自己最好的一面展示出来，即便遇到矛盾和三观不合的情况，也要互相谦让，做出大度宽容的样子。

可当两个人的感情落入各种琐碎的生活中时，那个跟你吵了架，却依旧留下来陪在你身边的人才是真爱。

什么才是正确的爱情观？演员张智霖曾这样说："每次吵架我都会想到我失去她会怎样，所以我很珍惜，我宁愿主动认错主动和好，因为我珍惜有她在的每一天。男人嘛！认错没什么，最怕失去了来不及后悔。"

当两个人相爱时，带你进入高档的餐厅，为你买高级的衣服，给你说一大堆浪漫多情又肉麻的情话的人不一定爱你。

但当两个人吵架，总会让着你，即便不是自己的错也认错，即便你再蛮横不讲理，也要安慰你，逗乐你，哄哄你的人，才是真的爱你。

其实当一个人爱你时，当你们吵架时，他看见你哭红了眼，抹花了脸，动了离开的念头，就会立马认错。我们每个人都有自己的脾气，愿意放下脾气对你好的人，真是不容易。

有人说，原来，爱一个人，就是永远心疼她，永远不舍得责备她。看到她哭，自己的心就跟针扎一样；看到她笑，自己的心就跟开了花儿一样。在爱情中，每个人都有自己致命的软肋。

其实一个人爱不爱你，看他吵架时对你的态度就很简单明了。

一吵架就真跟你分手的人，无论曾经对你再好，也不要眷恋，因为真爱就是无论怎样吵，怎么闹，都想永远陪在你身边。

而若有个人无论怎么吵也不离不弃，即便他曾经对你不够细心不够暖，也不要轻易放手。因为一个人爱你，最真实的表现就是宁愿跟你吵，也不愿把你让给别人。

一个人爱不爱你，看吵架态度就知道，愿你珍惜身边那个吵不走，打不散，还一直守护在你身边的人。

你朋友圈里有特别备注的人吗

　　某个晚上，小琴在微信上跟我聊天，说很不开心。她给我看了几张跟男友对话的截图。我把照片翻来覆去看了几遍，没发现啥毛病。

　　小琴说："你没发现，截图上方显示的是我的全名吗？"

　　"他都没有给我一个亲昵的备注，而且每次聊天都是直呼我名，干瘪瘪硬巴巴，丝毫没有人情味嘛。"

　　我笑了笑，这才明白她为什么生气，说："你又不是3岁小孩，难道跟你说话还要用3岁小孩的小名和语气跟你说啊。"

　　小琴说："不是啊，他的前任女朋友比我大5岁，他那时也总称呼她，宝贝、乖乖、小天使之类甜腻腻的词语，而且就在我们恋爱后，他给她的微信备注名依旧是曾经的昵称，这让我有些吃醋。"

　　我安慰她道："男孩子都神经大条，也许他根本就没在意。"

　　她说："那为什么跟前任就有昵称，到了我这儿就自动省略了？"

　　我说："因为你让人省心，不小家子气啊。"

　　她说："谈恋爱本就不是一件省心的事，而且只有发自内心地喜欢一个人才会留给她特别的昵称啊。"

这下，我似乎无力反驳了，想想确实是这个道理。

不知道你曾经有没有给某个特别的人留一个特别的昵称，在你成百上千个微信好友里，只有这个人叫作宝贝、可爱、小魔头。你无数次快乐或痛苦的时刻，几乎都因为备注有昵称的人而无端生出很多情绪。

即便在你有很多条未读信息时，你会首先选择有备注昵称的人，甚至有很多时刻你发朋友圈，你看朋友圈，皆因想要得到这个有特别备注名的人的点赞、关注和在意。

三毛曾说："如果你给我的，和你给别人的是一样的，那我就不要了。"恋爱中的人不仅要求你对别人和对她不一样，甚至要细微到你给她的备注名也要有个特别的称呼。

花花和大树是我的两个朋友。

大树以前是一个一丝不苟、正襟危坐的大龄男青年，在没遇到花花之前，他与任何人发信息都是简单明了，绝不多说带有一点感情色彩的话，他最爱说"好，可以，行"等非常严肃官方的词语。

而花花曾经也是女汉子一枚，说话豪放不羁，跟异性朋友称兄道弟，没一点女孩子的样子。

刚开始他们秘密地谈恋爱，直到我发现他们给对方取了特殊的微信备注名，恋情才得以公开。我们都没想到，平时如此大大咧咧的人，也会因为谈恋爱而显得这么幼稚、这么害羞，连称呼对方的昵称都如八月阳光底下的大甜瓜。

有一次我到花花家，她正在忙，见我闲着没事就让我帮她用微信里的"钱包"进行手机充值，当我充值以后，收到一条充值成功的信

息，不小心看到了她置顶聊天了一个叫作"夫君大人"的微信好友，刚好头像就是大树。花花当时各种此地无银三百两地狡辩加解释。

还有一次我跟她在一起吃饭，刚好有微信语音，她可能没注意，顺手开了最大音量的语音，我把对话听得一清二楚："女王陛下，你多久吃完啊，我想你啊。"

花花说："其实我们在没认识以前，真不知道原来遇到喜欢的人，心会变得如此柔软，连说出的话也如抹了蜜，加了糖。平时我在外都是张三李四地随意称呼着别人，可对喜欢的人，就如心里有一块宝，因为爱了，对他的称呼自然也是唯一的，特别的，与众不同的。"

如果一个人把你的名字备注成了一个特殊的昵称，那他一定对你有特别的感情。当两个人用了特别的昵称，就好像他们共同约定了属于彼此的小秘密一样，这种专属的小名、专属的备注，都包含了很深的爱意。

雨婷跟前任男友从谈恋爱到分手的整个过程，其实单从他们给对方的备注名就可以看出来。

起初他给她取了很多个昵称，比如小榴梿、小公主、囡囡、宝宝等，而她也是各种哥哥、霸王、大力士等称呼着。两个人经常在一起第一句话就是"宝贝，你想吃什么？"那时候两个人长达上百页的聊天记录里，宝贝长宝贝短，甜蜜昵称简直不忍直视。

有一次，雨婷的妈妈在玩她手机，突然QQ消息弹出有个"坏人"发来一条信息，那时候她妈妈还吓住了，连忙说："闺女，你要不要报警啊，有坏人要找你。"这让雨婷哭笑不得，又不好意思直说。

也许当我们真爱对方时，就连备注名也知道，昵称是情侣之间感情升温的一种表现形式，**取一个独一无二的昵称，其实也代表着这个人在你心中独一无二的位置。**

后来，两个人感情变淡，互相都自然而然地取消了昵称，连名带姓地称呼着对方，格外生分。

雨婷说："从他第一次把我的微信备注名删除，再到我连称呼他平时的昵称都觉得别扭难以开口时，我就觉得我们离分手不远了。"

他曾经一直称呼她为小熊，那时候她特别讨厌这个昵称，觉得胖胖的，不苗条。后来她才知道，原来他特别喜欢《挪威的森林》里面的一段话："春天的原野里，你正一个人走着，对面走来一只可爱的小熊，浑身的毛好像天鹅绒，眼睛圆鼓鼓的，它这么对她说道：你好，小姐，和我一块打滚玩好吗？"

如今再没人称呼她为讨厌的小熊了，她也同时失去了那个给她起昵称的人。

当我们不爱一个人时，那些曾经热乎乎的昵称变得冰冰凉凉，那些曾经非你莫属的特别昵称，变成了芸芸众生的一个普通人名。

当然，恋爱中的两个人，不一定会给对方昵称，但有给对方昵称的恋人，感情一定不会淡。

也许爱一个人所表现的形式会不一样，但当你爱一个人时，那种给特别的人特别的爱的心情和爱意一定是一样的。

还记得著名翻译家朱生豪先生，在写给他的妻子宋清如的诸多情书里，给她起了上百种昵称，比如傻丫头、小鬼头、女皇陛下、小妹

妹、昨夜的梦等。而他自己则谦称为蚯蚓、老鼠、丑小鸭等。

比如一代文豪沈从文先生给妻子张兆和起名就是三三，因为妻子在娘家排行老三，两个人一个"二哥"，一个"三三"地叫着，让人羡慕不已。

他们曾经有一封情书是这样写的：

张：长沙的风是不是也会这么不怜悯地吼，把我二哥的身子吹成冰。

沈：三三，乖一点，放心去。一切都好，我一个人在船上，看什么都想到你。

有个女读者曾说，一般情况下我称呼先生为哥哥，撒娇的时候喊老公，生气的时候就直呼其名。

备注名有很多种，比如甜蜜的、互损的，或者即便是直呼其名，也能把这个名字叫出跟别人不一样的音调和味道，这就是爱啊。

其实只有我们真正爱一个人时，从心底油然而生的爱才会从嘴巴里自然而然地表露出来。只有爱了，你才会觉得这个人很特别，你才会想到给她起一个小昵称，心底有爱，名字也自带三分爱意。

通常只有我们不爱一个人的时候，才会用骂骂咧咧的语气，称呼着对方的大名，然后数落、抱怨、指责对方，你见过用昵称吵架的情侣和恋人吗？

谁是你手机里有特别备注名的人？如果有，那这个人一定是你在乎的人。

拥有平常心的人，活成了什么样子

W姐，在公司最新一轮升职竞聘中，又落选了。其实无论从工作能力，还是从管理能力来看，她都属于高精尖人才。

当天同事们知道这个消息后，都尽量避而不谈此事。本来大家以为她心情会很糟糕，所以平时热闹的办公室突然就变得鸦雀无声。可午休时间刚到，W姐还是如往常一样，热情地招呼大家一起去吃饭，甚至还苦口婆心地劝一个小姑娘不能再吃没有营养的外卖。

而一路上她也是有说有笑，并无异常。后来吃饭时，部门里的同事都对她说，如果你感觉心里不舒服，就说出来，我们替你申冤。

W姐看到大家一脸愁容，一副为她打抱不平的样子，突然就哈哈大笑起来。她说："我真没把这事儿放在心里啊，落选又不是落井，没那么严重，工作也要继续干下去呀。"

然后她就此事顺便谈起了自己的观点："此次竞选，我有两个最大的竞争对手。第一位男同事虽然在公司工龄不长，但他遇事镇定，不慌不忙，是做领导的必备要素，而这一点我确实要差很多，所以我输得心服口服。而第二位女同事，其实我知道她是凭借坚实的后台才

能成功晋升。而论实力其实我也不差，所以两者标准不一，不可作为等量比较，因此我也释怀了。"

大家听了以后，都为W姐的乐观心态深深折服了。

在职场上，很多人在升职加薪的过程中会经常感到不如意、不公平、不合理。

其实你应该这样去思考这个问题，如果是自身实力不够，那也没什么好抱怨的。如果是其他无法超越的客观因素，你更不必感到愤慨，因为你不必为了自己决定不了的事而纠结。

如果你能拥有这样的平常心去对待工作中的尔虞我诈、钩心斗角和是是非非，你的心态就会坦然和豁达许多，工作氛围也会轻松许多，自然在工作中就不会感到心累。

我有个表姐，在生活里无论遇到任何事，都成天一副笑嘻嘻的样子。认识她的人都说她"没心没肺"。

表姐在两年前谈了一场恋爱，本来两个人好好的，可过不了多久，男友却连一句分手的话也没有，就直接从表姐生活里消失了。当时我姨妈知道后，气得在家直跺脚，她觉得女儿简直就是被人骗了，甚至还起了心，准备第二天到他单位去找他说理。

表姐知道后，却一直安慰姨妈，不爱了才会离开，感情强求不得。再说了，幸好没在结婚后才看清他的人品，如今你闺女不是还有救吗？姨妈见表姐如此淡然，心里的怨气也没那么重了。

还有一次，我表姐开车走直行道，与转弯的车辆发生了剐擦。本来她以心平气和的态度，准备下车去跟对方谈。没想到对方见她就是一顿臭骂，骂她开车不长眼睛，还嘲讽她技术不好就不要来占道开车啊。这时表姐居然没有还嘴，而是以平和的语速对他说，大哥，天气这么热，不必动怒。后来交警来做了鉴定，由对方负全责。

当时我安慰她说，运气真不好，一大清早就遇到倒霉事儿。表姐说："我人没事儿，车子也不用我修，何必要愁眉苦脸老是去想不开心的事呢？"

有好几次，我都忍不住对表姐说："我发现你真是不食人间烟火，估计修炼到你这份儿上，心都是铁做的。"

表姐对我说："都是普通人，都有血肉之躯，当我遇到不好的事时，又怎会无动于衷呢？不过我懂得，坏事儿既然发生了，就及时改变可以改变的，接受不可以改变的。如果再影响心情，那不是更亏啊。"

在生活里我们难免会遇到很多不如意的事，但若一个人无论在顺境还是逆境中，都懂得以一颗平常心，调适自己的心态，这样的人生活才会过得更快乐。

我家小区有个刘阿姨，大家都觉得谁要是摊上她家那些事儿，简直都要哭天喊地，随时丧着脸过生活了。

刘阿姨的老公，前几年在工地上摔了跤绊住了腿，不仅包工头逃跑了，而且当时也没任何保险可以为她减轻一点儿负担。高额的医药费和丈夫糟糕的身体现状，几乎让她陷入了绝境。可当所有人都报以同情的目光看她时，她却依旧不抱怨，不指责，妥善处理着各项杂琐事，扎扎实实过好了每一天。

当时甚至有邻居劝她改嫁算了，但她却说，这是不仁不义的做法。再说了，只要夫妻感情在，粗茶淡饭又有什么苦呢？

后来她把城里多余的一套房子卖了，当时卖的价格并不高。等她办完了房产转移手续，第二个月房价就猛涨，很多人都为她惋惜，她却回复："我当时卖房子是为了给老公筹医药费，若等到它涨了价再卖，再多的钱也买不来一条人命啊。"

刘阿姨平日里最爱说的一句话就是尽人事，听天命。当初我觉得她简直过得太没有抱负和追求了，如今想来，一个人要在该努力的地方竭尽全力，在必须看淡的事上，也要懂得不去钻牛角尖。

古人有云，真味是淡，至人如常。当一个人能在面对挫折时，依旧活在当下，遇事不急不躁，不卑不亢，这样的人，才是真正的生活强者。

人的一生难免会遇到很多暂时翻不过去的山，跨不过去的河，也会遇到很多沟沟坎坎和起起伏伏，而若你懂得以平和豁达的心态去对待任何事时，即便你活在水深火热中，日子依旧会活出幸福和快乐的滋味。

在如今越来越浮躁的社会，你会面临许多意想不到的事，它们会随时影响到你的心情。也许我们不可以立马改变事情的走向，不可以决定噩运来临的时间，不可以扭转突如其来的打击，但可以随时保持一颗平常心，对待工作、生活、家庭中所发生的一切事。

禅宗有一个故事：有一位禅师有三个弟子，有一天，师父问三人："门前有两棵树，荣一棵，枯一棵，你们说是枯的好还是荣的好？"大徒弟说："荣的好。"二徒弟说："枯的好。"三徒弟说："枯也由它，荣也由它。"

我想无论你选择前两者中的哪一种，得失心都很重，当然也会喜忧掺杂。而若学第三个人，枯也由它，荣也由它，则无论世事如何变化，皆可泰然处之。

生活好也要过，歹也要过，而对于那些你预料不到、控制不了、掌控不住的事，此时你唯有以一颗平常心去关照身边的人与事，你才能不被现实所打败，才能真正成为自己情绪的主人。余生很长，你要活得坦然自在，不要焦虑慌张。

《小窗幽记》里有这样一副对联：宠辱不惊，看庭前花开花落；去留无意，望天上云卷云舒。能做到在瞬息万变的世界里，永远保持一个淡定从容、不以物喜不以己悲的好状态，唯有拥有平常心的人，才可达到。

如何相处才能让人感到舒服

前段时间，公司发了一个通知，有个出差到海南的机会。虽然出差还可以顺便去旅行，但很多同事都不愿去，因为那只是一个常规会议，无关轻重。再说了，周末大家都想回家跟家人在一起。

可当消息放出后，王哥立马就报了名。我开玩笑似的对王哥说："每次就你最积极。"

王哥小声嘀咕道："一出差我就自由了。"

原来王哥是个"妻管严"，他老婆如今在家没工作，整日就围着王哥团团转。每天只要王哥晚一点儿回家，她就疑神疑鬼，对他十分不信任。而且她还经常趁王哥不注意，解锁他的手机，把通话和聊天记录通通查个遍。

王哥有个特别大的爱好就是看书，但只要他一回家就别想摸到书，因为妻子总说他独处时是在想其他女人，所以每次都要硬拉着他看电视，聊八卦。

她爱社交，而王哥又是一个喜静的人，但为了随时跟王哥在一起，她每次都让他陪一群志不同道不合的人聊天吃饭打麻将。

王哥说："你不知道我有多累，人人都说家是温暖的港湾，可于我而言，上班都比回家快乐，因为一回家妻子就把我捆绑得死死的，所以很多时候我宁愿加班出差，至少会得到片刻的宁静。"

很多人都说夫妻之间要亲密无间，既然结了婚就是一条绳子上的蚂蚱，要同风雨共进退。但这并不等于两个人时时刻刻都要绑在一起。

无论你是单身还是已婚，其实每个人都是一个个体，是个体就有自己的爱好追求、思想性格。两个人距离拉得太远，会有疏离感，但靠得太近，也容易让人难以呼吸。

夫妻之间最好的相处模式，莫过于给彼此一定的空间和距离。好的感情要有韧性，要能拉得开，但又扯不断。

某天，我看见李阿姨跟她的儿子手挽手，一路有说有笑。认识李阿姨的人都知道，她儿子如今已是30岁的男子汉了，但依旧和李阿姨关系特别亲昵。

他说，跟妈妈在一起感觉特别轻松自在，完全没有束缚和压迫感。

其实这样的母子关系在如今已然是太难得，但从李阿姨平时对儿子的教育方式你就知道这其中的原因。

李阿姨的儿子上小学时，很多小朋友都被家长逼着学画画、唱歌、跳舞等，那时她儿子喜欢打拳抢掌，如果是其他父母一定火冒三丈，可李阿姨并没有强迫儿子，反而让他跟着兴趣爱好走，专门为他报了跆拳道和武术班，这在那时看来简直就是不务正业。

儿子上初中时，进入了青春期和叛逆期，他会偷偷写日记，然后

把日记本锁在柜子里，如果是其他父母，一定会想方设法去撬锁，看里面究竟写了什么。

但李阿姨并没有，她不过多地干涉儿子，反而儿子有什么事都会主动跟她讲，也并没有做出什么出格的事。

儿子大学毕业后，不想考公务员，也不想待在父母身边，而是选择到外省追求自己想要的生活和梦想，李阿姨虽然舍不得孩子，但也依旧选择支持他的决定。

在很多孩子越长大越跟父母闹不和时，李阿姨却跟儿子成了无话不谈的好朋友。

在现实生活里，多数父母总是以爱的名义，单方面决定孩子的未来。父母和子女之间，矛盾越来越多，关系也越来越僵硬。

其实想要跟儿女有一个轻松融洽的关系，父母们一定要学会尊重他们的想法，保护他们的隐私，给他们自主选择的权利。如果总是一味地捆绑和压制孩子，只会让他们越来越疏离。

文文跟相处5年的闺密关系越来越淡了，想当初两人好到可以同穿一条裤子，同吃一碗面，同睡一席床，如今却成了彼此最熟悉的陌生人。

文文说，其实闺密这个人不坏，但就是跟她相处起来特别累。

有一年，文文的父母正在闹离婚，俗话说家丑不可外扬，文文也很伤心难过，却没跟任何人提过。但在一次同学聚会时，闺密居然当众问文文这件事，虽然她并无恶意，但这件事让文文感到特别难堪。

文文每次有什么好的想法和心愿，总是被闺密打击，她说要学跳舞，闺密说："就你，还是算了吧。"她想要考博，闺密说："你这学习能力还是省省吧。"她想要创业，闺密说："你这笨脑筋不适合。"

文文身材一直是胖胖的，而闺密正好是瘦美人。虽然文文不嫉妒闺密，但闺密总是哪壶不开提哪壶，她总是爱质问她最近是不是又胖了一圈，然后告诉她女孩子长太胖会没人追。有时候她们好不容易聚在一起吃饭，她就随时提醒文文要少吃点，特别扫兴。

很多人觉得既然是朋友，无论说话做事都无所顾忌，其实越是朋友越要尊重对方的隐私。朋友不想说的，就不要冒昧去问，朋友说了的，也要为他严守秘密。

生活里有很多损友，总是喜欢用言语打击朋友，无论朋友做什么，他们都会泼冷水。要记住**没人喜欢一个总是否定自己的人，再好的朋友也不能；再者朋友之间要的从来不是教导和劝诫，更多是需要一份理解和懂得。**

三毛就曾说过，关心朋友不可过分，那是母亲的专职，不要做"朋友的母亲"，否则弄混了界限。

古人曾说，君子之交淡如水。所谓的淡，不是指往来少，联系少，而是指朋友之间的交往要有界限感和分寸感，这样友谊之花才能常开不败。

其实在任何关系里，每个人都希望跟别人相处舒服。舒服这个词看似普通，实则很难有人把握准这个度，不是相处太过就是太少，不是太用力就是太冷淡，而唯有保持平衡者才能做到相处舒服。

在夫妻之间，一定要学会给彼此空间和距离。作家周国平曾说，相爱的人给予对方最好的礼物是自由，两个自由人之间的爱具有必要

的张力，它牢固但不板结，缠绵但不黏滞。没有缝隙的爱太可怕了，爱情在其中失去了呼吸的空间，迟早会窒息。

在儿女之间，尊重孩子的选择，父母不能真正决定孩子的未来，少些捆绑和强迫，多些理解和尊重。

在《本杰明·巴顿奇事》里有一段台词：我希望，最终你能成为你想成为的人。我希望你有时能驻足于这个令你感到惊叹的世界，体会你从未有过的感觉，我希望你能见到其他与你观点不同的人们，我希望你能拥有一个值得自豪的人生，如果和你想象的生活不一样，我希望你能有勇气，重新启程。

无论是父爱还是母爱，都应该是一场得体的退出。

在朋友之间，要懂得把握分寸，掌握界限。要做那个默默支持、鼓励、安慰朋友的人，而不是专掏朋友的老底，专让朋友为难的人。

其实好的相处方式会让人如沐春风，你整个人在那段关系里是放松的、自然的、随意的，没有勉强，没有负担，没有压抑，这样的方式才能使彼此感到舒服。

要想活得开心，就须拥有心灵的自由

不久之前，我在商场碰见了王姐跟她老公。王姐看中了一条新裙子，跟老公软磨硬泡说了好久，她老公始终不为所动。后来，她为了避免尴尬，只得改口说也不是那么喜欢，最终放弃了这条裙子。

看得出，如今辞职在家无所事事的王姐，生活也不那么顺心，她经常眉头紧锁，一副郁郁寡欢的样子。

王姐的老公每个月给她的生活费都经过精打细算，一分多余的钱也没有。每次王姐想要看场电影，买瓶晚霜，喝杯咖啡，都要犹豫很久。每当她伸手问老公要钱的时候，她老公总是那一句，你怎么又没有钱了？

而在家里，王姐也很受气。自从结婚后，她就跟公婆住在了一起。家里的生活开销都是公婆出的钱。平日里，婆婆经常高声戾气责备王姐，从不顾及她的感受，说话也很伤人。而公公也总是挑剔她用电多，浪费水，不珍惜粮食等。

因为没有底气，王姐只得委曲求全，不敢辩驳。

其实在生活里，一个经济不独立，连基本的物质生活都解决不了

的人，真的没有太多尊严和话语权。知乎上就有人说了，财务不自由时，建议和命令没有太大的差别。

每个人无论在生活里，扮演着怎样的角色，都不要忘了让自己实现财务自由。而所谓的财务自由，不是要你家缠万贯，日进斗金，也不是银行卡余额要有多少位数，而是你要有自食其力的能力。

钱并不可以买到自由，但自由一定需要钱。一个能够养活自己的人，才可以买自己喜欢的东西，做自己喜欢的事，才有活得开心自在的基础。而那些像寄生虫一样，依附别人生活的人，根本就无权选择生活的活法，自然也谈不上是否过得如意。

刘姐，是一个二胎妈妈，也是一家公司的部门经理。平时她的压力非常大，可她却拿捏有度，把一切安排得妥妥当当，丝毫没有负面情绪。

而她能在家庭和事业中保持平衡的秘诀就是，无论多忙，都要留"两点时间"给自己。

第一点——给自己休息时间

王姐一直有个习惯，就是坚持午休。无论工作累积得再多，她也不会挤压这宝贵的半小时。晚上，她也会尽量推掉不必要的饭局和聚会，准时回家早睡觉。

她说，人不能成了工作的奴隶，休息既是为了身体健康，也是为了更好地提高工作效率。

第二点——拥有独处的时间

刘姐即便在工作和家庭中连轴转时，也依然会坚持每天早起晨跑，晚上冥想，周末打打球，骑骑车，在家养花种草。

她曾说，不要试图把自己全部的精力和时间都投入你认为有用的事上。因为如果一个人忙到没有独处的时间，那就会失去自我。

在这个快节奏的生活圈子里，很多人都赶着时间工作、上班、谈业务，甚至连吃饭睡觉都顾不上。可如果一个人连给自己休息的时间都没有，即便你利用所有时间，挣再多钱，拥有再多名利，都无法弥补对身体的亏欠。

一个人只有懂得给自己松绑，拿得起，放得下，才更容易感到快乐。

生活在凡尘俗世中的我们，身边总是被许多矛盾和问题困扰。可无论你是职场精英，还是全职妈妈，都不要忘了给自己一点私人时间。你可以利用它，看书品茗，写生看报，甚至让自己发发呆，静一静也是好的。

梁文道先生就曾说，读一些无用的书，做一些无用的事，花一些无用的时间，都是为了在一切已知之外，保留一个超越自己的机会。

一个能拥有一些自由时间的人，才能在单调重复的日子里，抵御工作和生活中的烦心琐事。

我有个叔叔，是个十足的人生赢家，他的工作干得非常出色，而他的生活也过成了自己喜欢的样子。

在工作中，他非常识大体，顾大局。为了业绩，他会做出许多妥协和让步，更多地听取领导的指示、顾客的建议。可在私人生活中，他却只遵从自己内心的想法，也有一些看似固执的坚持。比如他跟婶婶结婚时，家人都不同意，当初无论是婶婶的家境条件，还是相貌身材，都配不上叔叔。可向来很听父母话的叔叔，那次却果断且坚决地

要娶自己喜欢的人。

当时叔叔说，我们不能以别人的眼光和标准，来挑选适合自己的理想对象，毕竟伴侣是要跟自己过一辈子的人，自己若不爱，别人觉得好，又有什么用？

又比如叔叔是个特别爱旅行的人，小假期他就带着家人在附近周游，中长假他会出发到国外看风景。这些年他其实也挣到了不少钱，可他不像别人建议的那样，把钱用于买房购车，或者做增值储蓄，而是几乎把多余的钱都用来游山玩水。当初很多人都说他傻气、愚笨、任性，可他依旧毫不犹豫地坚持自己的选择。

有一次我问他，花这么多钱去旅行值得吗？叔叔说，每个人都有自己喜欢的生活方式，当你见过了巴黎的埃菲尔铁塔，坐过威尼斯的小艇，去过马尔代夫的小岛，你就会感到很值得。

一个人过得是否开心，其实最需要获得的就是心灵的自由。这样的自由也许得不到旁人的理解，得不到家人的赞同，得不到朋友的支持，但你必须要有自己独立的价值观、独立的思考和判断能力。这样你的生活才不会被外界的舆论所绑架，你才可以在庸常的日子里，找到诗和远方，你才能拥有属于自己的理想人生。

随着工作、生活、家庭的压力越来越大，如今有太多人整日活得唉声叹气，甚至会因为很小的事，就引发崩溃、抑郁、绝望的心情。

如何在这样高压的环境下，生活过得更自在，更愉快，更开心一点儿？我们可以努力争取这3种自由，来缓解低迷的情绪和糟糕的状态。

·财务自由

其实财务自由不等于财富自由，而是拥有养活自己的能力。当你自己可以挣得需要用的钱时，你才可以少受委屈，少吃苦头，少看别人脸色。就如汉密尔顿曾说，控制了一个人生计的权利，就是控制了一个人意志的权利。

·时间自由

所谓的时间自由，不是你每天想不上班就不上班，想不学习就不学习，而是即便在繁忙的工作和生活之外，你依旧拥有私人的时间。就如周作人曾说，我们于日用必需的东西以外，必须还有一点无用的游戏与享乐，生活才觉得有意思。

·心灵自由

我们之所以过得不快乐，其实大部分源于太在乎别人的看法、感受和观点。一个心灵自由的人，不是我行我素，而是能坚持自己内心最真实的想法。就如《无声告别》里曾说，我们终其一生，就是要摆脱别人的期待，找到真正的自己。

我想在又忙又累的生活中，你只有包里有点钱，生活里有点闲，再坚持点所爱，才会活得轻松惬意。

PART B

岁月自会有安排

人生在世，每个人都会有不同的际遇。只要我们执着于初心，踏踏实实付出每一份努力，岁月自会看在眼中，不会亏待你我。

你所念想的，岁月自会有安排

我们每个人都要面对生活，期盼岁月。生活和岁月，终究会将我们打磨成为成熟的人。一个真正成熟的女人，这三点会让别人艳羡不已的，这也是她经历生活的最大底气。

· 经济独立

农村里有一对夫妻经常吵架，但两个人吵了这么多年都一直没离婚。丈夫经常对妻子恶语相向，心情一不好就向她发脾气，有时候还会提出离婚。

每到这个节骨眼儿，妻子即便再无理取闹，再多不服气，也不会硬气地去接一句，离就离。因为她知道，离了婚后果很严重。

妻子早年跟丈夫结了婚，就一直在家当全职太太，负责一家人的吃喝拉撒，人情往来，老实说这样烦琐的工作其实一点儿也不比打工挣钱轻松。

刚结婚的几年，妻子对丈夫百般爱护，毕竟新婚宴尔，可当生活浸染了太多柴米油盐以后，丈夫的心理就发生了变化。

　　他认为他赚钱养家，在外受气，在家就理应当皇帝，于是这些年简直就把妻子当出气筒，百般折磨。

　　妻子当初与他结婚，就因为当时他说"我负责赚钱养家，你在家当好我的后援"，婚后妻子活生生放弃了自立的资本，如今上了年纪，没有一技之长，找工作都难，也因此在不惑之年，没颜值没底气的时候，即便万言不合，也不敢离婚。

　　一个经济不独立的女性，也许只有在遇到被人抛弃、背叛、变心时，才能觉悟到金钱对女人是多么得重要。

　　一个女人，不要求你大富大贵，但你至少要有养得起自己的资本，无论你有再多的情怀，再有人爱，经济独立永远是你的尚方宝剑，你不必为了钱委屈自己，也不必为了钱讨好别人。

　　张爱玲在其散文《童言无忌》中曾写道："我喜欢钱，因为我没吃过钱的苦——小苦虽然经验到一些，和人家真吃苦的比起来实在不算什么——不知道钱的坏处，只知道钱的好处。"

　　一个女人只有经济独立，才是立足于社会的根本，无论是已婚还是单身，经济不独立，靠山山会倒，靠水水会流，唯有靠自己，才是王道。

　　· 精神独立

　　我家院子里有个姑娘失恋了，整天在家大门不出，二门不迈，茶饭不思，夜不能寐，死活也要跟着喜欢的男友。可分手是男友提出的，她再怎么降低身份去祈求复合，也是无济于事。

　　两个人恋爱的时候，她男友就跟很多女孩子有暧昧不清的关系，她甚至发现男友多次与陌生女孩一起勾肩搭背出去玩儿，也接到过很多莫名其妙的电话。

有好几次她问他是不是变心了，他都一副不解释也不回应的态度，说："你要这么想，我也没办法。"之后照样跟其他女孩不断来往。

直到今年，男友突然提出了分手，只是一句简单的对不起，就把之前的情分轻描淡写地带过，留下这姑娘一个人失望，后悔，难过。

其实当初在谈恋爱的时候，她对他并没有太多的依赖，可随着时日的增长，生活里越来越习惯有他，即便在知道他背叛了自己的情况下，也舍不得鼓起勇气说分手。

我想很多女孩子离不开一个错误的人，其实不是离不开他，而是离不开一种习惯，因为在恋爱中投入了自己过多的感情和思想，于是失去他就如失去了自己的灵魂般难受。

可是你必须知道，不爱你的人不会因为你的死缠烂打或者苦心挽回就能让他回心转意。错的人就是错的人，不会因为你舍不得就会变成对的人。

一个女孩子失恋不可怕，比失恋更可怕的是失去你自己。巴尔扎克曾说，我们的心是一座宝库，一下子倒完了，就会破产，一个人把感情通通拿了出来，就像把存款花光了一样，得不到人家的原谅。

生活里有太多这样的女孩，以为离开了他，全世界都变得黑暗，以为世界就是以他为中心。

当你在恋爱中没了自己独立的人格，没了精神的依附，没了取悦自己的能力，而是把所有的心思都靠在他身上时，他快乐，你就快乐，他不开心你就难过，没了他你就活不了时，这个时候的女人最悲哀。

一个成熟的女人知道，在感情里及时止损是多么重要，也知道从失恋的泥沼里早日拔出，在下一段恋情里学会留给自己和对方一定的空间和时间。

这样的感情才健康，这样的你才更完美，即便有人再次从你生命中消失，也不至于让你没有生活下去的勇气。

· 生活独立

我认识一个20几岁刚与男友分手的单身姑娘，一个人在大城市打拼，生活过得紧紧巴巴，却从不亏待自己，即便没有人关心，也一样把自己照顾得妥妥帖帖，丝毫不输那些有人宠有人爱的小公主。

这个姑娘每个月挣得不算多，但在物质上从不克扣自己，也不会大手大脚没了分寸。只要是她喜欢的东西，狠狠心也要给自己买，而不是一心只为省钱压制自己。

在健康上，她能做到早睡早起，不失眠不熬夜，不想念不该想念的人，总是能吃能喝能睡，即便是在跟男友分手的那段日子，她也会一日三餐照常，即便心情不好不想吃，也要鼓励自己多少吃一点。

她说一个女孩子，健康最重要，失恋是一时的，身体却是一辈子的，不能在伤了心的情况下，还要虐待自己的身体，这样一点儿也不值得。

自从恢复了单身生活，她更懂得照顾自己。

以前出门穿着高跟鞋脚痛，会有男友开车来接送，如今出门也知道给自己备几张创可贴。

以前是个路痴，有男友的时候会有人工的导航仪，根本不用操心走错路，如今出门前懂得先查好路线，而不是求助于人，或者顾影自怜。

以前出门下了雨，会有男友亲自送，如今知道包里永远放把伞，既防晒也防雨。

有多少女性在失恋以后，就不能生活。其实生活永远是自己的，如果你学不会过好一个人的生活，当然也过不好两个人的生活。

如果过得了二人生活，在失去了以后，依旧还能过一个人的单身生活，依旧让生活多姿多彩，熠熠生辉，这样的女性才是真正的成熟。

什么时候你开始发现自己变成熟了？一位网友说：成熟就是以前老妈总是要我穿秋裤，如今一到冬天，我自己就知道主动穿秋裤；以前过生日有人送礼物给惊喜，现在即便没人记得我的生日，我也会乖乖到厨房给自己下一碗长寿面，顺便再煎一个荷包蛋。

一个女人是否成熟，是否经得起时间的摧残、恋人的背叛、职场的变迁，其实要看这个女人是否有这3点独立。

经济独立，精神独立，生活独立，唯有这3点独立，无论你是否有人爱，是否找到了属于自己的真命天子，生活也不会过得太差。

在经济上独立，不仅是有备无患的警醒，也是给自己足够底气的有力支撑点。最近网上一段话很火爆：想来想去还是努力赚钱更靠谱，不然心情不好时，只能买两瓶啤酒一袋鸡爪子在路边嗷嗷地哭；努力赚钱的话，就能躺在幽美的山中温泉里敷面膜止住眼泪，努力赚钱我还可以去纽约哭，去伦敦哭，去巴黎哭，去罗马哭，边潇洒边哭，想怎么哭就怎么哭。

钱不是一个女人过上好日子的重要因素，但一定是不可或缺的条

件。一个女人能有自己赚钱的能力，无论做什么事，总归是有自己的底气。

其次在精神上独立，无论你是否在谈恋爱或者是已婚状态，学着给自己留有余地，不过度依赖任何人，懂得自己取悦自己，才是女人是否会获得幸福的关键因素。

就如那首诗歌里写的：你有你的铜枝铁干，像刀，像箭，也像戟；我有我红硕的花朵，像沉重的叹息，又像英勇的火炬。我们分担寒潮、风雨、霹雳，我们共享雾霭、流岚、虹霓。

一个在精神上不攀附、不依就的女人最美。

最后，一个女人无论如何，要学会照顾好自己，在生活上懂得爱惜自己，保护自己，心疼自己。

没有人值得你深夜流眼泪，也没有人值得你放弃生活的美好，无论遇到天大的事儿，也要学着过好每一天。你所期望的，你所念想的，岁月自会有安排。好日子坏日子，终归都是日子，会过日子的女人，都有一种把坏日子变好的能力。

你羡慕的生活背后，都有你想象不到的苦

　　某个周末，我去影楼拍照。因为等待时间长，就跟旁边的化妆师聊了几句。

　　我问她："干这行，一定很挣钱吧？生意这么好，化个妆也要提前两周预约。"

　　她苦笑道："收入还可以，不过就是太累了。"

　　我很纳闷，因为在我看来，给客人化个妆，不过就是描眉、涂粉、擦口红而已，这也叫累？

　　她看我有些不相信，继续说道，有时化新娘妆，要凌晨四五点起床，然后全程跟妆，连喝口水都顾不上；有时影楼做促销活动，她只要闲下来几分钟，老板就会让她去帮着销售拉客人、发传单、打盒饭。最忙的时候，几个月不休，也很正常。

　　虽然许多人都觉得化妆师这个职业很挣钱，但因为工作时间长、强度大，有时还要求起早贪黑、随叫随到，所以真正坚持下来的人少之又少。

　　你有没有羡慕过身边比你优秀、比你有钱、比你厉害的人？你是

不是觉得，他们总是能随随便便就拥有你想要的东西？其实，你羡慕的生活背后，可能都有你想象不到的苦。

有一次，一个熟人无意间在杂志上看见了我的一篇文章，她激动得立马拍了一张照片发给我看。她说："真羡慕你，随随便便写几句，就能被刊登出来。"

我客气地回复她："我就是运气好而已。"她发来了一个默认的表情。

后来，我想了想，我的运气真的有那么好吗？这所谓的文思泉涌，难道不是每天坚持读书练笔，反复斟酌推敲得来的吗？

就像我曾经羡慕一个作家，她的小说细节写得非常精准到位。当时我觉得她真牛，居然这么能写，有些情节明知是虚构，却描述得天衣无缝，就跟真的一样。

后来有一次我看了她的演讲才知道，原来为了这些细节，她上山下乡好几个月，真真切切地体验了小说中人物应该尝到的酸甜苦辣各种滋味，才写出栩栩如生的动人情节。

我们总是特别羡慕那些有才华的人，以为人家天生能歌善舞，文武双全，可等你真正了解以后才发现，原来所有光鲜亮丽的背后，都有你看不到的辛苦付出。所有台上哪怕一分钟的完美展示，都需要台下十年功的默默积累。

我的许多同事都很羡慕部门领导果姐，因为她不仅在单位身居要职，家庭关系也很和谐，是个既能洗手做羹汤，又能挥袖写企划案的优秀女性。

可是，了解她以后才知道，为了做好工作，她每天都承受着巨大的压力，不仅要不停地赶工作进度，还要抽空学习新的专业知识和技能。

为了照顾家庭，她即便再累再辛苦，下班后也尽量回家做饭洗碗，陪孩子读书做作业。

果姐曾说，其实越是被人羡慕，越是活得辛苦。

很多人不是受不了工作上不断求变的辛苦，就是受不了家庭生活中烦琐日常的辛苦，于是扮演任何一个角色都显得力不从心。但是，坚持下来的人也毫无捷径可走，不过是把所有该受的苦都一一尝遍罢了。

其实这个世界上，从来没有所谓的超人。当你羡慕他们能在不同角色中轻松转换时，你只是没有看到他们为此愁出了多少白发，长出了多少皱纹，熬过了多少黑夜。**我们总是容易在羡慕别人时，忽略别人在背后所做的努力。**

记得曾经看过这样一句话，如果你想当一个普通人，那么你就要付出普通人的努力，但如果你想要成为别人艳羡的对象，那么你就要吃下常人吃不了的苦。

当你羡慕别人可以轻松考高分、进名校时，不要忘了他们为此复习了多少资料，背诵了多少单词；当你羡慕别人比你富有时，不要忘了他们为了工作究竟有多拼；当你羡慕别人比你更容易遇到贵人时，不要忘了他们是沉淀了多少年，才能发光发热，得到好运的眷顾。

再来看看你自己。读书时，看会儿书就喊累，屁股都没坐热就想着起身玩儿；工作时，写份报告就喊难，下笔没写几个字就已经心不

在焉。你总是一边羡慕着别人的生活，一边懒散消极地混日子。

这个世界，其实很公平。只有耕耘，才会收获，每个人都一样。你下的功夫越大，你得到的才会越多。可问题就是，许多人吃不了苦，受不了罪，熬不过最难的日子。所以，不必轻易羡慕别人的生活，所有镁光灯的背后，都曾有过一段不为人知的艰难岁月。当然，任何一种你羡慕的生活也都不是遥不可及的，只要你努力，同样可以去争取。

把努力当成习惯，而不是选择

前几天去参加同学的婚礼，突然发现，半年不见的新娘芳芳居然变成了一个瘦美人。

要知道，她曾经体重严重超标，每次都发誓减肥，可是每次无论她的声势多么浩大，都坚持不了几天。所以后来，只要我们从她嘴里听到"减肥"两个字，就知道又没戏了。

可是从这个夏天开始，她就神不知鬼不觉地开始默默减肥了，每天早起跑步，三餐定量，睡前1小时做运动。在这期间，她从没有向任何人提起自己的减肥经历，也没有晒过练出的小蛮腰，更没有吐露一丝一毫的不容易。她咬牙坚持了大半年，如今终于瘦下来，这让许多同学都刮目相看。

我问她："为什么这一次突然就这么低调了？"

芳芳说："因为这一次，我坚信自己真的能瘦下来啊。"

当时我还在想，这是什么逻辑，让别人知道你的减肥计划，不是更能证明自己的信心很足吗？

芳芳说："以前我喜欢秀努力，秀决心，秀美好的小计划，因为

我需要靠宣扬来得到别人的肯定，当然也是为了给自己壮胆。但是到后来，我发现，当我真正发自内心想要做成某件事，就不会太在乎要不要晒给别人看，我自己的内在驱动力足够支撑我，无论遇到任何困难和挫折，都能坚持到底。"

真正努力的人，都很低调，因为他们的努力，不是靠外界给予勇气和信心，而是能自己给自己打气加油。

不知道你有没有发现，越是爱秀努力的人，他们最后得到的成绩往往越不尽如人意。

我认识一个看起来很勤奋敬业、励志上进的青年小郭。他总是喜欢在周末早晨晒出差照，在下班后晒加班图，在凌晨两点发读书感言。

刚开始，我觉得他真有那么努力，但后来听一个熟人提起，他呀，其实就是一个眼高手低又特别喜欢炫的人。

比如，他的工作做得一塌糊涂，平时偷奸耍滑，迟到早退都有他，可是偶尔有加班时，他就要抓住机会，制造出很忙的假象。

比如，他在生活中，每天晚睡晚起，平时除了爱打游戏，就是吃喝玩乐，每当自己偶尔觉悟要改变生活方式时，就喜欢拍照装装样子，让别人误以为他其实很不错。

我常在想，他如果能把努力修图、发照片、回复评论的时间，用来多做几页PPT，多看几页书，多背几个单词，而不是每天浪费这么多时间，沉浸在别人的点赞和好评中，收获可能会更大。

真正努力的人，都很低调，因为他们真的没时间感动自己。

我曾经也是一个爱秀努力的人。每当到图书馆、书店，或者任何有书的地方，我总是喜欢装模作样，拍一些专门为发朋友圈的读书照；偶尔写一首小诗、一篇书评，就迫不及待把它转到朋友圈，让大家都知道我有个多么棒的写作爱好。

现在的我，已经很少晒读书照了，因为读书已经成了我每天都必须要做的事。每天读书一小时，每周读完两本书，每个月去一次图书馆，自然就不觉得读书这件事有什么值得炫耀的了。至于写作，这两年来，写下近160万字的文章后，我反而不爱秀了，只是偶尔把写得相对较好的几篇分享给大家看看。

曾经的我，把爱读书写作当成一件值得被别人称赞的事，可是后来当它成为一种习惯，一种跟人每天都需要吃饭睡觉一样简单的日常事务后，我反而觉得它就是一个稀疏平常的爱好。

真正努力的人，都很低调，因为他们把努力当成了一种习惯，而不是选择。

其实，努力是一件特别需要沉下心来，长久坚持去做的事，而且，它成长的土壤特别需要一个人单打独斗，需要忍受无数个孤独和寂寞的日子。

当你正在努力时，不妨低调一点。

首先，当你决定去努力时，要明白，说过不等于做过，要把语言上的豪情转化为行动上的积累。

其次，努力是一个漫长的过程，它应当成为你的常态，而不是包装自己的标签。如果你能把秀努力的时间拿来做真正有意义的事，那么你一定会成长得更快。

最后，努力是我们一生都应该坚持的事，日复一日，而不是临时抱佛脚。只有当你把努力当作一种习惯，你才能真正领悟到"活到老，学到老"的真谛。

我特别喜欢大作家歌德的一句话，我这一生基本上只是辛苦工作，我可以说，我活了75岁，没有哪一个月过的是舒服生活，就好像推一块石头上山，石头不停地滚下来又推上去。

真正努力的人，其实都很低调。

最难熬的日子，你是怎么撑过来的

读者小西是个28岁的姑娘，前几年刚大学毕业时，父母在县城给她找了一份工作。可她坚决不肯，非要留在自己喜欢的城市，活出自己想要的样子。

父母为了逼她回家，果断停了她的生活费。他们想着，女儿身无分文，在社会上磨炼几个月，自然会回心转意。

可小西就是这么倔强，她自己找了一份工作，试用期工资只有1500元。那时，她的经济状况窘迫到为了省一块钱，她专坐没有空调的公交车。为了省生活费，她每晚都在纠结是吃清汤挂面还是稍微奢侈一点的方便面，甚至，她租住的小隔间，空间小，环境差，偶尔还有老鼠逃窜。

每次父母打来电话，问她需不需要钱，她都说自己过得很好。可是挂了电话，她又总有后悔的冲动，但是每一次她都告诉自己，再难，也要挺过来。

后来，因为特别上进好学，工作能力强，性格也好，她很快在公司崭露头角，从小职员晋升为部门管理者，薪资待遇慢慢提高，吃穿

用度也宽裕了很多。

她说，如今开着自己的车，住在自己的房子里，吃着自己做的小龙虾，突然好想对曾经的自己说，谢谢你的不放弃，才让我拥有了现在的好运气。

也许很多人都曾有过这样一段奋斗的时光，感觉孤立无援、焦虑万分，甚至一个人对抗着全世界的刁难。但只要你拼命努力，你终将熬出头，见到光。你很清楚地知道，当跌入谷底时，只要不放弃，怎么走都是上坡路。

朋友强子曾在25岁那年遇到人生的第一个瓶颈期。那时他正在创业，不仅把所有时间和精力都耗了进去，还把全部家当投入其中，但是，他的公司经营规模小，客户不稳定，利润非常低。

正当他为事业奔波劳碌时，跟她谈了好几年恋爱的姑娘提出了分手。那天，强子正在办公室熬夜加着班，当他心力交瘁地拿起手机时，看到了姑娘无情离开的消息。

他还没从失恋的阴影里走出来，又突然查出患了胆结石。为不让父母操心，他一个人去医院做了手术。

术后，护士问他，有没有家属来照顾你。他摇摇头。护士又问，那有没有朋友，他尴尬地说，要下班了才能过来。结果一直等到他出院，也没有一个人来看望。

后来，在经历了甲方违约、客户投诉、员工连工资都不要就辞职等一系列挫折后，他什么也不怕，什么都不畏惧了。那些糟糕透顶的经历反而让他清醒起来，他抛却了一切幻想，靠自己的努力顽强抵抗。

这几年，强子的公司走上了正轨，有了丰厚的收入，也有了爱他的娇妻。他说，要感谢那段最黑暗的时光，让他学会了如何单枪匹马绝地重生。

其实，一个人越早经历挫折，就能越早领悟人生的真谛。当你经历过大风大浪，未来的人生就不会再怕所谓的小忧小恼。即使没有铜头铁臂，没有铠甲武器，也能从暗地里重见光明。

在网上看过一个网友的留言，她说，她人生最难熬的日子是在怀孕初期发现老公出轨。那时她没有工作，身无分文，很想离婚，可是思来想去，还是不敢。她说，不怕自己露宿街头，就是担心孩子没个遮风避雨的地方。为了肚子里的宝宝，她选择了强忍。

孩子出生了，公婆在得知她生了一个女儿后，把本来炖好的鸡汤原封不动地提了回去。而老公在她身体还很虚弱，孩子半夜大哭需要换尿片、想要人哄的时候，睡得比谁都香。

她还没出月子，就要一个人洗衣、做饭、带娃。那时的她，可以说委屈到了极点。

等到孩子上幼儿园时，她果断离了婚，当起了单亲妈妈。

刚开始，她找了一份保洁工作，还在午休时间兼职发传单，晚上到餐馆洗盘子。后来，她学会了电脑打字，换了一份还算体面的行政工作。虽然现在依旧给不了孩子太优越的生活，但是她说，只要有一口气在，就绝对不会让孩子吃不起饭、读不起书。

记得她曾说，人生没什么坎儿是过不去的。你如果深陷在痛苦中无法自拔，那只能说明你吃的苦还不够彻底。

有过同样经历的人会知道，当生活突然给你当头一棒，你根本来

不及反应。你唯一能做的，就是跟命运一搏。只要你不服输，谁也打不垮你。

我们每个人的一生，都会经历无数天昏地暗的时刻，但我们同时也会在这些挫折和痛苦中学会成长，走向成熟。

也许此刻的你，会为了落榜而忧心，为了失业而焦心，为了分手而伤心，但是请相信，那些痛苦的经历都会过去。请不要怕，无论再苦再难，只要你不放弃自己，生活就不会放弃你，只要你不言败，就总有赢回来的可能。

性格好的女人怎么看都很美

我家院子里有一位中年妇女，长辈们都说她长得特别好看，就连后来陆续搬来的新邻居也说，每次见到她，都特别让人舒心。可我看了看她的模样和身材，并没有特别突出的美啊。

后来有位阿姨告诉我，她啊，其实长得不算标致，就是脾气特别好，不仅对自己的家人好，还对街坊邻居特别温和，从来都是轻言细语，有话好好说，从不咄咄逼人，让人感觉很好相处。

比如有一次，她穿了一件新衣服正准备出门上街，可不巧三楼的王奶奶生活习惯不太好，以为楼下没人就随手往窗外扔垃圾，正好落在了她的身上，王奶奶一看居然把人砸了，连忙下楼道歉。

可她却没说一句难听的话，而是跟王奶奶说，她知道王奶奶腿脚不利索，家里就她一个人，还主动跟王奶奶说，下次垃圾堆多了，她上楼帮着倒。

还有一次，她正在家里用电脑写工作报告，可楼下的邻居不小心把电表的线头断错了，大晚上的专业维修工人也没有，非要等第二天才行，而她的报告明早就要交。

邻居百般道歉，她说，反正都断电了，还反过来安慰邻居这不算什么事儿。

在她的定义里，只要是别人无心的犯错，她从不乱发脾气，毕竟发了脾气事情也不会好转，还不如保持一个好心情，让自己舒心一点，也让别人自在一点，毕竟别人真不是故意的。

曾经有人说，一个女人的美丽最初级的是在外表上，可经久耐看的美却是在性格里，一个性格温文尔雅，拥有好脾气，不轻易动怒的女人最美丽。

无论再美的女人，一旦生起气，那一副咬牙切齿、穷凶极恶、恨不得把别人皮都剥一层的眼神和嘴脸，比一个素颜的丑女还不如。

这几年村里要搬迁，搬迁就涉及赔付款，按人数赔钱或者赔房子。

村子里有一个老人，他有两个儿子，大媳妇崔姐是个特别大度的人。村里组织分房时，她家正好分到了靠近中庭的房子，远离马路噪声小，也特别安静。

可后来隔壁的张阿姨找到她说，儿子正读高中，晚上做作业需要一个安静一点的环境。于是她二话没说，真跟她换了位置。

她说，房子嘛再好再大也就是睡觉的而已，可孩子的教育问题是大事，她吃点亏不算什么。

在分房子的时候，按理说，老人的那一份钱应该是两个儿子平分才对，而且平常照顾老人生病住院、衣食住行的任务几乎都是给了大媳妇家。

但小媳妇却是一个斤斤计较的人，她非要老人赔付款的70%，说是自己家穷，大媳妇家就该让着她。可村里人都知道她对谁都叫苦叫穷，实则每天到茶铺子打大牌的就有她。

但崔姐却同样爽快地答应了她。她说，老人一把年纪，对他最好的孝敬就是兄弟和睦，再说了为了一点钱让外人知道兄弟内斗，多少也有败家风。

崔姐其实人长得不算美，甚至还长得有些感官上的丑，她满脸雀斑，还有大龅牙，身材短小矮胖也不好看，可跟她相处过的人，时间处得越长，就越觉得崔姐的美是深入骨子里的美，远非外在形象的肤浅美。

相比于那个整天浓妆艳抹，身材高挑的二媳妇，崔姐的美从来都不逊色于她，甚至是远超于她。

一个女人美不美，其实性格是关键。也许外在形象可以通过涂抹变得好看，可若一个女人小肚鸡肠，锱铢必较，必定会将美貌大打折扣。

一个懂得宽容、谦让，甚至愿意在钱财名利上吃点小亏的普通女人，比那个妆容精致、为了几块钱也要跟小商贩吵得热火朝天的绝色美人更漂亮。

张姐是个家庭主妇，丈夫吴叔在外打工挣钱养家。按理说，一般家庭主妇给人的第一印象是唠叨不停，抱怨不断。她们不是抱怨丈夫不会挣钱，就是抱怨儿子不争气，或者婆婆不好相处。

可张姐几乎从不抱怨，无论家里发生什么大小事，她永远都是乐呵呵的，每天出门都满脸笑容，给人感觉她每天都朝气蓬勃，像是天天都有好事发生。

其实只有她知道，生活怎么可能一帆风顺呢，她只是不喜欢抱怨罢了。

有一年，吴叔出门在外打工，本到了年底，就等他拿钱回家过年，可吴叔那年不仅颗粒无收，还赔了不少老本，因为工地上的老板居然携款逃走了。可回了家，张姐不但没抱怨，还说只要人平安，还是好事。

还有一年，他儿子中考毕业，本来那年儿子成绩考得不错，可因为填报志愿时不小心填错了，选了一个二流高中，儿子本准备回家被母亲批斗一顿，可张姐说，只要努力，二流的高中一样可以考入一流的大学。

后来她老公吸取了教训，找的工作都是安全可靠又能按时结算工资的，而她儿子呢，也更是像有考神助力，高考那年还真考上了好大学。

大家都说张姐命好，好事不断。其实哪是她命好，她无非是把抱怨的时间用来鼓励家人，把抱怨的精力用来努力改变现状，把抱怨的情绪化解为积极的心情。

张姐如今已经50多岁了，由于她是家庭主妇，生活在柴米油盐里，身上浸染了岁月的风霜，留下了年龄的痕迹。可她真正的美，却没因这外在的容貌摧毁。

她的老公和儿子还说，她长得比年轻时候还要美。

其实一个女人的美貌首先是通过别人看见的外在形象而决定的，但再美的女人，如果没有了美的内涵和底蕴，没有了修养和气质，没有一个良好的性格，单凭年轻的资本和柔嫩的皮肤，是难以逃过岁月的折损的。有一句诗曾说，最是人间留不住，红颜辞镜花辞树。

一个女人的美想在外下功夫很容易，也许就是一描眉，一擦粉，一涂唇就可以立见成效。

有人说，爱生气的女人不美丽。因为女人一旦因为一些小事就生气，就计较，就抱怨，那么再美的皮囊也挡不住你外泄的坏脾气、伪修养和烂性格。

曾经有这样一个小故事：有个小孩对母亲说："妈妈，你今天好漂亮。"母亲问："为什么？"小孩说："因为妈妈今天没有生气。"

一个女人可以不化妆，可以不年轻，甚至可以长得不标致，但若一个女人有一个好脾气，有大格局，凡事懂得宽容和理解别人，这样的女人才是大美。

生活里我们见了太多长得还不错的美女，可真正能让我们留下深刻印象，能让这种美延续下来，甚至让你赏心悦目的女人，从来都不是单凭长得漂亮，而是待人温和、处事周到、心胸大度的女人。

从颜值来看，面相和和气气，眉宇和谈吐间有善意，说话慢声细语的女人更是让人如沐春风，浑身散发着一种宠辱不惊、善解人意的美。

一个女人可以因为外在美而博得一时的赞誉，但一个性格好的女人无须长得好看，也会博得一世的美冠。

你不是忙，你只是不爱读书

　　某天晚上10点左右，朋友给我发来一张照片：在拥挤的地铁里，周围的乘客都一副筋疲力尽的样子，个个都在低头玩手机。唯有一名年轻男子在人群中特别显眼。他一手拉着扶手，另一只手里拿着一本书，正津津有味地看着。周围那么喧嚣，似乎也没有影响到他看书的专注度。

　　朋友说，他本身长得很帅，但看起书来的样子更帅。

　　看了照片以后，我心里特别感慨。许多人都说没时间读书，可照样也有人可以在乘车时见缝插针地读书。

　　很多人总是爱说这样一句话，我其实很想看书，但太忙了，没有时间。他们的理由大体是这样的：

　　我的工作忙得要死，偶尔还要熬夜加班，连休息的时间都不够，哪儿来的时间看书。

　　我最近要开会、培训、做总结，需要准备大量资料和数据，所以没精力看书。

　　我下班以后，还要回家做饭带孩子，不是我不想看书，而是抽不出时间来。

可奇怪的是，这些看似很忙碌的人，无论时间再紧，总有机会发微信、刷微博。其实，真正想看书的人，无论多忙，都可以找到时间。而不想看书的人，即使很闲，也不会主动拿起手边的书。

常常有朋友让我帮忙推荐一些好书。每次推荐完，朋友都很感激。可过了很长一段时间，当我问起他们看了那些书有什么感想的时候，他们总是支支吾吾地回答我，最近太忙了，没空看，下次看了再跟你交流。

可所谓的下次，其实就是遥遥无期的意思。

有些人对读书这件事，只是一时兴起。他们可能会因为各种缘由意识到读书的重要性，可当那个新鲜劲儿一过，就会彻底把书忘得一干二净。

后来，再有人找我要推荐书单时，我都会先问问他们，你有时间看吗？

通常得到的答案都不够肯定，甚至是考虑良久，才发现原来自己根本没空看书啊。

所以，你看，只有当你真正爱看书、能够享受读书给你带来的乐趣时，你才会想方设法去找时间读书。如果你不爱看书，你总会自觉不自觉地给自己找各种理由推脱。

书籍浩如烟海，到目前为止，我读过的书也很有限。好在我是个特别爱看书的人，无论再忙，都会保证每天有两小时的阅读时间。

当然，我也不是真的很闲，我也有自己的工作和生活，甚至忙

起来，吃饭睡觉的时间都靠挤。也许你会很纳闷，那读书的时间从哪里来？

通常，我会利用一切零碎时间看书，比如早上5点起床，早起看1小时书；比如在上下班途中，在排队等待间隙，在睡前清醒时……总之，只要我想看，随时都可以瞄一眼书。

很多人总是说没有时间看书，时间其实是最公平的，它从不分贫富贵贱，每个人每天都有24小时，不多也不少。通常，你会把时间分配给你认为重要的、令你开心的、值得你去做的事，而留给你认为意义不大的事的时间自然就少了。可读书的意义，是不言而喻的啊。

我爱看书，不是因为看书说起来有多么励志、多么值得炫耀，而是我能从读书中真真切切地感受到快乐、充实和满足。书就像我的导师和朋友，总会默默地指引我朝对的方向前进；书也是我的心灵休憩地，在那里我可以找到诗和远方。

读书究竟有什么用？大概很多不爱看书的人都会有这样的疑问。

读书也许不能直接给你带来财富和地位，也不会让你立马获得看得见的好处，但它可以给你带来积极乐观的好心态，可以给你带来强大的内心，可以让你拥有更好的眼界和格局。

也曾有人这样回答这个问题，我认为颇合我的心意：说不出阅读有什么好处，只是觉得在每次遇到低谷的时候，那些读过的书就像一颗颗种子，在我心里建起了一座花园。黑暗的低谷开满灿烂的蔷薇，再难的困境都能透出一丝光亮。

很多人觉得读书是学生时代的事，跟成年人没什么关系。可你忘了吗，人要活到老学到老。读书不仅可以让我们拥有与作者对话交流的机会，它也在不断地纠正我们的偏见和认知，让我们能越来越理性、睿智、成熟地看待这个世界。

还有一些人觉得错过了最佳读书时间。其实，任何让人变好的事，只要你开始，都不算晚。**我们读书不是为了赶时间，也不是为了跟谁争个输赢，我们读书只是为了在阅读中成就更好的自己。**只要你每天能在读书中不断地进步和成长，这就是一件很有意义的事。

读书是每个人一生都应该坚持的事，你越早认识到读书的好处，它就越对你未来的人生有益。

不要再说你没时间看书了，如果你愿意牺牲一点无聊发呆、追剧八卦、聊天吹牛的时间，我想你就一定能在阅读时光里遇见更加丰富多彩、更加有趣饱满的人生。

结婚时，男人的这一点最重要

　　我有个朋友小艾，之前谈了一场恋爱，对方是个离婚男。后来他们分手了，原因是她父母坚决反对。

　　我本以为不同意的原因，无非就是黄花闺女嫁给老男人很吃亏，会被亲朋好友说闲话，还没结婚就当了后妈之类常见的理由。

　　谁知道小艾却告诉了我完全不一样的事实。

　　其实小艾的父母是很开明的，他们觉得女婿是否有过婚史，并不重要。

　　但有一次小艾带着男友回家，她母亲就顺便问他，跟前妻的孩子以后谁来管。男友非常积极地跟未来的岳母保证，以后会把儿子交给爷爷奶奶管，不会让他跟自己住在一起，这样小艾跟他成家以后，就没有任何影响。

　　男友本以为这话说得够漂亮，没想到小艾母亲的脸色突然就暗淡下来，并没有再说什么。

　　接下来，小艾的父亲又间接问了他，跟前妻离婚的原因。男友一股脑儿地数落前妻，怪她花钱大手大脚，不会收拾家，心思不在家等。

那次见面以后，父母就让小艾果断跟男友分手。原因就是他的人品有问题。

小艾的母亲说，一个男人即便离了婚，但儿女毕竟是无辜的，如果再婚以后，为了讨好现任，就对自己的孩子不管不顾，这是不仁不义，也是没有责任心的做法。

父亲说，一个大男人居然会把离婚的所有问题都推给前妻，这是格局小，也是没担当的表现。

其实结婚时，比起男人的相貌学识、财富地位，或者对你好、在乎你、迁就你，更重要的是他的人品。

作家苏岑就曾说，别光迷恋爱情，人品比这更重要。爱情是暂时的，人品是永恒的。当爱情慢慢淡去，两个人的关系要靠善良来维系。

如果一个男人的人品有问题，感情的基石就不稳，就如豆腐渣工程，看起来再光鲜亮丽，也经不起任何风吹雨打。

朋友大妮最近快结婚了，结婚对象居然是父母曾经严重反对，可现在又逢人都说好的人。

其实大妮的父母属于典型的说一不二的人，我还在想，如今话风也转得太快了点吧？

其实当初她父母之所以不同意，是因为男友各方条件都跟大妮不匹配，首先他家里的负担很重，父母还要靠他养老，而他也只是个拿固定月薪的基层公务员。

而大妮的家境优渥，她本人也是貌美如花，有着高学历、高工

资，未来的发展前途非常大。

其实也不是大妮的父母势利眼，毕竟古往今来，谁又不希望自己的女儿找到一个家境稍好的夫家呢？

真正让她父母对男友另眼相看的，是一次吃饭时的谈话。当时男友无意间提到了，他每晚都会给远方的父母打一个电话，无论再忙或者再累，哪怕只是说几句话，也坚持了整整3年。

而且大妮也告诉过父母，每次两个人吵架，他再气急败坏，也不会说一句气她、伤她、损她的话，更不会做出任何一件会让她难堪、失望、痛苦的事。他对她的好也许很多男人都可以做到，但在两个人意见出现分歧，有矛盾纠纷时，他对她的包容是许多男人做不到的。

大妮的父母最后同意他们在一起的原因，就是被男友的人品打动了。

大妮的母亲说，一个懂得尊重和孝敬父母的男人，首先人品没问题。再者两个人闹矛盾，依旧能让着你的人，心胸更开阔，人品也差不到哪里去。

一个男人没有钱，你可以陪他粗茶淡饭，没有权，你可以陪他节衣缩食，没有房，你也可以陪他深居陋室，但唯有一点不能将就的就是他的人品。

爱情也许只是看眼缘，但结婚可是要选一个人过一辈子的。跟一个人品好的男人在一起，你的婚姻就靠谱了一大半。

某天我去参加朋友梅子跟丈夫5周年的结婚纪念日。席间，梅子就爆料，其实当初自己决心要嫁给丈夫的原因，不是因为他的嘘寒问暖，也不是他送的礼物鲜花，而是他的人品很过关。

梅子跟丈夫当初是邻居，她刚搬到这个小区时，房间里经常会出现漏水停电的情况。有一次她就找对门的他帮忙，没想到他才下班，穿着白衬衣打着领带，还来不及换衣服，就直接挽起袖子去帮她修。

修完了以后，她请他在家坐一会儿，休息一下。可他却非要走，说待在一个姑娘的房间时间太长，对她的名誉不好，于是水都没喝一口就走了。

当时梅子就觉得这个男人太为别人着想了，而且即便是对不太熟的邻居，也可以不遗余力地帮忙做又脏又累的活儿，丝毫没有推脱的意思。

还有几次早晨，梅子走在他后面，发现他走到楼下一位老婆婆的门口，主动把垃圾提去扔了，后来她才知道原来那屋里住着一个孤寡老人，他已经无偿帮婆婆提了好几年的垃圾了。

这之后两个人恋爱了，他们经常会在外面吃饭。每次点了餐，总是要等很久。如果换成其他男人，带着自己的女友吃饭，遇到这样的情况，一定是火冒三丈。

可他全程都是温文尔雅，并没有高声戾气地催服务员，也没有做出一副顾客至上的样子，反而会等到上餐以后，跟服务员说一句真诚的谢谢。

梅子说，就是无数个这样的小细节，让她彻底被这个男人征服了。一个对邻居热心帮助，对老人心存善意，对服务员也有礼貌的人，绝不会对未来的妻子尖酸刻薄。

其实一个男人最顶级的魅力就是人品好。**人品就如一个人的里子，而他的容貌和财富等就是面子，只有里子好了，面子才真的有意义。一旦面子好，里子差，终究是走不远，混不长，处不久的。**

有人就曾说，爱一个人，始于颜值，陷于才华，忠于人品。

跟人品差的男人在一起，就如给自己安了一枚不定时炸弹，你根本不知道婚姻里许多的不幸和痛苦，多数来源于当初择偶时错误的选择。

正如作家周国平曾说，据我观察，不少女性婚后不幸福，原因就是被一时的激情俘虏，看不清人品的长久作用。

曾看过这样一个故事：润州刺史韦诜，为女儿挑女婿，一些门第显要的人，他都看不上。一天，他在城楼看风景，见远处参军裴宽在园圃里掩埋一头鹿。

原来有人给裴宽送来一头鹿，放下以后就走了，但裴宽说："我常告诫自己，不能接受贿赂而败坏家风。所以和仆人将它埋在后面的园圃里，以便保全自己的操守。"韦诜知道后，回去对妻子说："一个好女婿，今天终于得到了。"

最终，韦诜将女儿嫁给了裴宽。而他的女儿韦氏果然和裴宽白头偕老过了一生。

姑娘们请记住，当你在选择对象时，可以有很多私人的评判标准和衡量尺度，但无论你如何选择，都不要忘了人品这一标杆。

伟大作家巴尔扎克曾说过，一个男人应该引人注目的地方不是他的马，也不是其他的饰物，而是他的人品。

说到底，看一个男人是否值得托付，最关键的莫过于看他的人品。

没什么，就是想你了

表弟跟我在一起，他手机嘀嘀嘀响了，提示有未读信息。没想到看了信息后的他，顺手把手机拿来给我看。

原来是一个女孩子给他发的信息，只发了一句，在吗？

表弟说，这个姑娘，总是有事儿没事儿问我，在吗，在干什么，吃饭了没？

然后他又问，姐，你说她这是什么意思啊？

看着表弟一头雾水的样子，我说，这女孩发的其实就一个意思，喜欢你。

表弟大吃一惊地问我，不会吧？

我说，如果一个人偶尔跟你联络，说些无关紧要的话，也许只是因为她无聊，但是如果一个人总是跟你说些看似无关紧要的话，那她一定喜欢你。

表弟继续说，有一次他出差在外地，忙得不可开交时，又收到她的信息，忙也要注意休息，而且还主动要求他看完以后不用回。

表弟有点无奈，她总是发一些特别简单的问候语，看起来也没有

特别的意思，都不知道该怎么回复。

我说，其实你不用问她究竟想说什么，她想说的其实就是想你了。

你心里有没有这样一个人，你喜欢他但又不敢打扰他。你想跟他说说话，但又不敢明目张胆地告诉他。于是你就总是时不时地跟他说一些无关紧要的话，当然这些话其实根本就没有太多的意义，只是因为我想你，无数句"在吗，吃了吗，你睡了吗"都是我想你的意思。

沈从文在《致张兆和的情书》里这样写道：

"我原以为我是个受得了寂寞的人。现在方明白我们自从在一起后，我就变成一个不能同你离开的人了。三三，想起你，我就忍受不了目前的一切。

我想打东西，骂粗话，让冷气吹冻自己全身。我明白我同你离开越远反而越相近。但不成，我得同你在一起，这心才能安静，事也才能做好！"

不知道你身边有没有这样的人，总是无故打扰你，当你问他有事吗，他总说没什么。其实没什么，就是，我想你的意思。

云云跟男友是异地恋，两个人的联系大多数依靠手机。每天两个人给对方互报行踪，吃了什么，做了什么，看了什么，虽然对话看似琐碎，但都是我好想你的意思。

云云说："当我对他说，今天天气不错时，其实我是想说，希望和你一起晒太阳；当我对他说，今天的晚饭很好吃时，其实我是想说，希望和你一起吃；当我对他说，新上映的电影很好看时，其实我是想说，希望和你一起去看。"

有时候云云跟男友分明聊得很开心，但情绪突然很低落，然后埋怨他为什么不在她身边？

看着突然生气的云云，她男友也有些无奈，不知如何是好。

其实当女孩子说，想你了，真想见见你，并不是一定要马上见到你，而只是表达一种很想你的情绪。有一句话说得好："春天该很好，你若尚在场。"

而当两人好不容易见面时，云云也总是盯着男友，一句话也不说。当男友问她是不是有什么事，云云却不好意思地说："没什么，就是想你了。"

其实，当你很喜欢一个人的时候，无论这个人是远在天边，还是近在眼前，你都是那么想念对方。这样的想念是到达了极致的思念和喜欢。

有这样一个故事：

大兔子和小兔子一起吃饭。小兔子捧着饭碗，对大兔子说："想你。""我不就在你身边吗？"大兔子说。"可我还是想你。我每吃一口饭都要想你一遍，所以，我的饭又香又甜，哪怕是我最不喜欢的卷心菜。"

大兔子和小兔子一起散步。小兔子一蹦一跳，对大兔子说："想你。""我不就在你身边吗？"大兔子说。"可我还是想你。我每走一步路都要想你一遍，所以，再长的路走起来都轻轻松松，哪怕路上满是泥泞。"

大概喜欢一个人就是这样的感觉吧，我无论看到什么都会想到你，这感情就如，晓看天色暮看云，行也思君，坐也思君。

有一年我跟大妞准备出去玩一周，出发前，她男友让她好好玩，不要惦念他，她说才不会，难得出去玩，不会想他的。

没想到我们出发的第一天，她就没离开过手机，一路上跟男友发信息。看到好看的风景，她会立马照一张给男友欣赏；吃到好吃的东西，她也会发给男友馋他。

晚上，我们原本准备到古镇逛夜市，她说累了，想要早点休息，结果整晚待在酒店跟男友视频聊天。我跟她一个房间，听她跟男友聊出门的种种趣事，又或者埋怨一下睡得不好，住不习惯，可说着说着，她就哭了，男友问她怎么了，她说没什么，就是想他了。

在接下来的几天里，两个人每晚都聊很多"废话"，有时候我在一旁听了都觉得那些话真是一点儿营养也没有。但可能就在这些无聊的废话里，藏着彼此很深的想念。

知乎上有个关于想念的话题，有段话是这样说的：

"那天起身随手将页纸折起，准备装进衣兜突然愣了一下，噢，这是她喜欢的纸的形状；在超市买完东西结账，发现多了一些东西突然愣了一下，噢，这是她吵闹着要吃的零食；睡眼惺忪对着镜子刷牙，舌头变得清凉起来突然愣了一下，噢，这是她教的刷法；走进饭馆看到有人在啃猪蹄突然笑了一下，噢，她当时也是这熊样……突然，总是突然之间在这些瞬间是如此想你。"

也许想念一个人就是这样一种感觉，你对她说的任何一句话，做的任何一件小事，看似简单，不重要，其实都是我好想你的意思。

有人曾这样区别喜欢跟爱：寂寞的时候才想起一个人，证明他对你而言，是可有可无的，在你心里占的分量还不是很重，但换过来说想起一个人了就觉得寂寞，那是因为你心中满是对他的思念，你的身心想的只有他。

有时你总是找同一个人聊天说话，有什么鸡毛蒜皮大的小事都要与他分享，并不是因为你多么无聊，只是因为你有多么想他。

其实当你真正喜欢一个人的时候，想念是不需要理由的。你不会因为今天有特别重要的事才与他分享，而是时时刻刻都想把琐碎的日常告知与他，同时你也特别希望了解他的喜怒哀乐。

有多少人知道，那个经常在微信里问你"在吗"的人，其实真没有什么要紧事要谈，只是很想你，想要跟你说几句而已。

那些经常跟你说"抽空见一见"的人，不是真的很闲，而是真的想要见见你。

"关于想你这件事，躲得过对酒当歌的夜，躲不过四下无人的街。"

网上有个段子，是说怎么样的聊天能看出她想你？

"你那边的天气怎么样？"

"天气很好啊。"

"我想吃你家楼下的面、粉、鸡蛋，还有灌汤包了……"

"嗯。"

"还有酱鸭脖、卤猪蹄！对了对了！还有你家邻居养的那只大花猫，还想跟你一起去散步……"

其实说了这么多，我只是想要告诉你，我想你。

大概我们很想念一个人时，就如夜阑卧听风吹雨，铁马是你，冰河也是你。

你有没有爱过一个很笨的人

　　某天早上我在办公室，听到邻桌的同事王哥给一个快递师傅打电话说："你就把东西放在门卫吧，不要让我老婆去取，这会儿她还在睡觉。"

　　过了一会儿，我又听见他给他老婆打电话："我在网上给你买了3箱纯牛奶，你记得每天早晚喝一杯，还有你看看包装盒上的生产日期，先看有没有过期的，然后再把临近过期的先喝了哈。"

　　当时我在一旁严肃紧张地写报告，听王哥这么一说，突然心里袭来一阵暖意。

　　王哥跟他老婆分居两地，老婆在老家生活，他一个人在成都工作。他跟老婆结婚17年了，怎么也算是老夫老妻了，为何跟她说话还像是对待3岁小孩一样，提醒那么多再普通不过的生活常识呢？

　　中午吃饭的时候，我对王哥说："你对你老婆真好。"

　　王哥腼腆地说："没办法，被我宠坏了。你还不知道，我家里几乎所有大小事都由我操心，她真的什么都不懂。比如，我每次出门都要提前把家里的水电气费充好，生怕她一停水停电就不知道该怎么办。

还有我每次回家给她买好多牛羊肉冻在冰箱里，如果我不提醒她吃之前提前1小时拿出来解冻，她真的会把硬邦邦的肉丢进锅里煮。诸如此类的事太多了。"

听王哥说了这么多甜蜜的"负担"，我从他的言语和眼神里感受到了他对他老婆深深的爱。

其实我猜想，一个40多岁，生在普通人家的家庭妇女，不至于到这个年纪连这些都不懂。但我又想，不是她不懂、学不会、不知道，无非是王哥爱她，所以总觉得她真的很笨吧。

当我们爱一个人时，才会有这样的感觉。爱了，就总觉得她是个长不大的孩子，总觉得她处处需要你的照顾和怜爱。

这种爱就如《挪威的森林》里绿子说的："一份能让我感觉吃得饱饱的，直到说'谢谢款待'的爱。"

姨妈和姨父结婚多年，但无论他们吵过多少次架，拌过多少次嘴，最后姨妈都会选择主动退让一步。姨妈说："他把我惹急时，我每次都想跟他翻脸，可想着老头子那么笨，我走了，谁来照顾他呀。"

姨妈是个刀子嘴豆腐心的人，对姨父各种不满意，但很奇怪的是对他又各种照顾。

每次姨父出差，姨妈总是在他出门前反复提醒他，资料记得带好，手机放好小心被偷，拿点常规药放在包里做预防……

姨父每次都嫌姨妈太唠叨，并且姨父这么大的人，这些他又不是不懂，可姨妈呀，总是放心不下。

有好几次表姐让姨妈到她那儿去玩儿，姨妈都熬不到3天必定回家。她总是念叨："我不在，你爸估计在家连饭都不会煮，他那臭袜子都堆成山了吧，晚上他出去下棋一定又忘了时间吧……"

可每次当她心急火燎地赶到家，却发现她没在的日子里一切照旧。她总说，那是因为姨父知道她会回家故意表现的，却丝毫不愿承认其实姨父一个人也可以打理生活。

有很多次，姨父因为加班需要晚些回家，姨妈总会在窗台张望很久，然后嘀咕道，他是不是在路上遇到抢劫了，会不会走路不小心被车撞到了，又或者找不到回家的路了。不得不说，姨妈过于瞎操心了。但正因为她爱他，所以才觉得姨父永远都那么笨。

张爱玲曾在《半生缘》里写道："这两天天气已经冷起来了，你这次走得这样匆忙，冬天的衣服一定没带去吧？我想你对这些事情向来马马虎虎，冷了也不会想到加衣服的。我也不知怎么老是惦记着这些，自己也嫌啰唆。"

其实当我们觉得一个人很笨时，笨到让你情不自禁地为他担心，为他不眠，为他茶饭不思时，正是爱一个人的表现。

朋友大妮最近要结婚了，对比她前任对她的态度，我终于知道为什么大妮最后会选择这个各方条件都没前任好的男友。

大妮的前任是个很粗心大意的人，而且对她也是特别"放心"。

有一次大妮加班到深夜，本想让他去接她，可他宁愿窝在家里打游戏也不去，他说，她都多大的人了，打个车就回来了啊。

又有一次大妮被派到外省一个很偏僻的山村做调研，她的前任如果打不通她的电话，就不打了。即便好几天跟她联系不上，也不担心。他说，山上信号本来就不好，再说了她肯定会照顾好自己的。

还有一次，大妮开车在路上跟其他车剐擦了，大妮让前任过来帮忙看看，他却说："你一个法律系毕业的高才生，这都怕啊。"

可跟现任在一起，她却被看成一个娇小柔弱的小女生。

她加班忙时，他会一到饭点就叫外卖给她送到公司楼下。她说，我可以自己买。他却说，害怕你忙得忘了吃饭。

她即便到附近的城市出差几天，他也一定千叮咛万嘱咐，每日三餐都要给她打几分钟电话，确保她安全。并且还会每天替她看天气预报，等她一早起来，就知道该穿长袖还是短裤，该打雨伞还是该抹防晒霜。

平日里男友总是会跟大妮普及很多开车的安全知识，然后给她车上装行车记录仪，每隔三个月都要把她的车开去检修，生怕车子出了什么问题她不知道。

大妮说："选男友啊，一定要选那个认为你很笨，然后把你当孩子宠的。其实我也并不是太笨，但跟现任在一起，我总感觉自己是被人重视的，被宠爱的，被在乎的。我发现原来也有人能爱我爱到这种程度。"

亦舒就曾说过："如果一个男人爱你，就会觉得你又笨又可怜，需要好好保护，不爱了，就觉得你是千年狐狸，必须好好提防。"

其实爱一个人才会觉得她很笨，然后想要生出三头六臂去保护她，怜惜她，疼爱她。这看似是一种类似于溺爱的表现，其实更深层次来看，这是一种心疼。而心疼就是源于心底深深的爱。

试想一下，如果一个人在你眼里是个刀枪不入的硬汉子或者是

个气场逼人的女强人，你还愿意倾尽所有对她好，你还愿意无论大小事，都站在她的角度去理解、包容和照顾她吗?

我们都说爱是盔甲也是软肋，其实在生活里，爱更倾向于软肋，它是你心底最柔软、最温情、最珍贵的情感。你会情不自禁地想要去保护它。

我们皆凡人，所以，男女相处没太多轰轰烈烈的大事，反而是那些稀疏平常的小事里藏着许多不为人知的爱。而真正的爱其实就落入一言两语、三餐四季、柴米油盐的细碎生活里。

我总觉得你很笨，笨得总是忘了吃饭，忘了休息;我总觉得你很笨，笨得事事都要我操心，我照顾;我总觉得你很笨，笨得唯有此生嫁娶于你，一辈子体贴你、心疼你、陪伴你，才能真正地放心和安心。

一想到你，我的心就特别软

某天我回了乡村老家，走到村口，就碰上王大婶，看她急切地往我来的这个方向看，于是跟她打了招呼后，问她："在等什么人吗？"

王大婶突然不好意思甚至有些羞涩地说："今天我家那位要回家，出去打工一年了。说是快要回家，可是到现在还没见到人影儿。"

正好那天的寒风特别猛，我说："你在家里等吧，实在不放心就再打一个电话过去。不必站在这里等。"

跟她寒暄几句后，我准备走了。可刚要走，我突然发现她居然穿起了裙子，配着大红色的羽绒服，就连平常梳得雄赳赳气昂昂的头发也披在了双肩，她突然有些脸红地说："过年了嘛，随意穿一次，不要笑话我啊。"

当然我并没有笑话她穿得不好看，只是看过了一年四季只会穿黑灰两种颜色的她，居然大胆尝试了新的颜色，且披在肩膀的头发，把人衬得特别温婉。

在我印象里，王大婶就是一个超人，一个真正的女汉子。她老公在外打工，全靠她一个人抚养孩子，赡养老人。家里一个男丁都没有，一家之主就变成了她。她说女人不泼辣一点，这个家是撑不起来的。

平时的王大婶，比一个男人行事还要果断利索，说话做事、处理问题从来都是风风火火，无论从心里还是外表，都是非常强势的一个女人。

可每年她老公回家过年时，我就会看到她温柔的一面，说话不再是大嗓门，也不随意跟周围的人争执，就连走路的速度也慢了下来。

也许当我们真正爱一个人的时候，就愿意卸下满身的盔甲，让内心最柔情的一面展示出来。因为爱，所以一见到你，心就特别暖，一想到你，心就特别软。

我家楼下有对夫妻是外地人，搬到这座城市好几年了。

因为他们是摆地摊卖烧烤的，有时候嘴馋，就喜欢去烤几串。其实每次去都是夜晚十一二点，妻子还跟着丈夫一起忙前忙后的，特别辛苦。

有一次我仔细端详了妻子，她面容姣好，身材也特别匀称，每每与顾客打招呼算钱的时候，态度都是特别温和。

有时我也不禁感叹，这样一个温柔贤淑的女人，怎么就嫁给了一个只能让她风餐露宿的男人。

后来有一次我又去买烧烤，见只有她一个人，于是我问她为什么不见她丈夫，她说丈夫身体不好，到医院输液去了。那晚生意不太好，她也不忙，我们就闲聊了一会儿。

她说："其实我家家境还不错，至少衣食无忧，父母都是教师，日子还算过得去。可是他家里特别穷，而且由于不专心读书，没有文凭也没太精的技术，只得靠辛苦做这些生意，挣钱养家。"

我问她："跟他过这样的苦日子，有没有后悔过？"

她说："这个念头偶尔还是有的，尤其是跟他在一起的头几年，经常担心有了上顿没下顿的日子，真的会让人感到特别消沉，也看不到任何希望。可是一想起我若不管不顾他，他一个人不是更没动力？而且跟他在一起，无论不做什么，虽然身体累但心不累，还特别开心。"

最后我临走的时候，她说："总有这么一个人，无数次想过要离开他时就不舍得，心就特别软，对他无论如何也狠不下心来。"

其实生活里，那些真正愿意不顾你的小毛病、臭脾气、坏习惯，依旧陪在你身边的人，即便跟你吵了架也不说分手的人，即便你看起来是那么不合适却总是不舍得放手的人，不是真的心宽大度，非你不可，无非是这辈子，总有个人让你想要温柔以待。跟他在一起，你就会变得特别柔软。

某天有个读者给我留言，说回家才几天就已经决定了，过了年要把妻子和孩子带在身边，一起去大城市闯荡，即便再难，有爱的人在一起，心里是暖的。

这个读者老家在一个偏远的小县城，妻子带着孩子，在老家读书生活，靠他一个人在外挣钱养家。其实这样的模式是最节约也是最划算的，可不知道为什么，这次他一回家，儿子几乎都认不出他来，根本不让他抱，一碰就哭。而且才几年时间，妻子居然苍老了很多。

他说："其实一个家缺少任何一个人也都不像是家，而且每年回家好不容易跟妻儿建立了感情，等到临走的那天，站在火车站的那头，看着妻子楚楚可怜的样子和儿子哭得稀里哗啦的小脸，一个铁血男儿，也忍不住心酸。

这几年，无论在外面受了多大的委屈，工作压力有多大，可每当打开手机屏保，看着自己最爱的两个人，感觉再大的困难都不是问题。一想到家里还有人在等我，那一刻心就突然变得很柔软。"

这个读者还说："我其实脾气非常怪。经常跟别人一言不合就吵起来，见不惯别人的某些行为，经常说话毫无遮拦，有什么说什么。可每次我回到家，看到妻子睡到日上三竿还不起，想要吼她时，总是会想到她一个人带孩子不容易，就让她多睡一会儿，然后一个人带着孩子上街买菜做饭。

有时候儿子也特别调皮，在小区里恶作剧，骑着车子到处乱撞，还会跟小朋友捉迷藏，把草坪里的草踩了不少。如果是以前我看到这样的事儿，一定怪孩子没教养，心想如果自己以后有孩子，发生这样不好的行为，一定要狠狠打他，可当自己真的有了孩子，打是打，教还是要耐心教。只是内心的强硬态度开始变得柔软起来。"

当你爱一个人时，人心就变得柔软起来。就如林清玄所说，人要有一颗柔软心，柔软心很重要，如果你有柔软心的话，你会更懂得爱，更知道如何去表达爱。

这个世界是冰冷的还是温暖的，是残酷的还是美好的，其实完全取决于我们自己的心态和我们身边所遇到的人。

每天生活在钢筋水泥的世界里，我们会变得越来越现实，也越来越刚硬，这是作为人生存所要学的基本技能。

可人世间总是有那么几个人，藏在你心里最柔软的地方，即便是铁血无情的人，也会在遇到某些人时变得柔软起来。即使是不苟言笑的人，也会在某个瞬间想起某个人而心生惬意。

爱就是当你想起某个人的时候，突然像是心里升起了一股暖流，即便在寒冷的冬夜，也感到心里有一丝暖意。

如果说现实生活里那些让人头疼的人与事是你不得不面对的生存环境，那么心底有爱的人，就会变得特别柔软。

每个人在这个世界起初是柔软的，最后随着生存的压力会变得越来越坚硬，可是当你遇到一个爱的人时，你就会重返那种毫无戒备的状态，因为爱，会让你变得柔软。

有个拿得出手的兴趣爱好有多重要

莎莎是公司里最受欢迎的人，仅仅用了两年时间就从普通职工晋升为部门主管，有些嫉妒她的员工就说，那是因为她会耍嘴皮子，会聊天。

但我知道能跟那么多人聊到一块儿，是因为她本身拥有很多谈资，所以即便对不同的人，总是能立马get到别人的兴趣点。

就拿跑步来说吧，莎莎几乎每晚都要慢跑1小时，所以恰好跟同样爱运动的部门经理有聊不完的话题。

有一次，其他部门有个当妈妈的同事，她女儿正好要参加舞蹈大赛需要亲友团帮忙，但那位同事身边所有的人都不会跳探戈。正当她一筹莫展时，莎莎立马冲锋陷阵，那天的比赛因为她的得力相助，还让同事的女儿得了二等奖。

年初公司新来的老总，想要成立一个读书会，每周每人分享一本有趣的书，可公司参与的人太少，因为大家在业余时间都不怎么看书，而唯有莎莎涉猎广泛，古今中外的书她都略通一些，自然工作以外，她得到了更多与老总沟通交流的机会。

莎莎不仅在职场上凭借过硬的专业水平得到领导的好评，在私下里也因为满身的才腹学识和诸多的兴趣爱好使人缘噌噌噌地往上涨。

不得不说，在职场上，有个兴趣爱好，不仅增添个人魅力，也能在关键时刻打通很多人际围墙，更有利于跟别人的沟通交流。

大部分工作在形式上都是枯燥无味让人厌倦的，所以职场通常都令人有些压抑和紧张，再加上很多人在工作的间隙，总喜欢去聊别人的八卦——她们没其他有趣的话题聊，这样不仅让同事之间关系紧张，也不益于在职场上的成长。

而有兴趣爱好的人，他们工作不仅更积极，在与同事相处时，从他们嘴里说的都是有趣的人和有趣的事，这样既会增加生活里的正能量，也使同事关系更轻松和谐。

某年劳动节时，我又看见小区里的王叔独自一人带着行李准备去旅行，而他的妻子周姐每次都待在家里看电视。

不知道的人还以为他待妻子不好，可事实却是周姐不喜欢旅行。他们相识时，考虑着双方年纪都偏大了，于是两个人就仓促地结了婚。本以为婚后的日子可以日久生情，越过越好，但没想到两个人平时根本玩不在一块儿，聊不在一块儿。

王叔平时是个兴趣很广泛的人，他每天早上雷打不动地去小区健身器材那里锻炼身体，下班后还会约着一帮朋友打羽毛球、踢足球，在周末更喜欢单车骑行，四处奔走。

在王叔的生活里，做任何事都觉得新鲜有趣，他喜欢尝试新的东西，也愿意欣赏新的风景，生活对他而言，每天都是意趣盎然。

而周姐呢，就是一个地地道道的家庭主妇，她生活的中心就是儿

子、丈夫、菜市场和麻将馆。其他任何事都提不起她的兴趣。

周姐认为结了婚的人就不要瞎折腾了，在家看看肥皂剧，吃着瓜子唠唠嗑挺好的，而王叔则更喜欢去亲近大自然，在外面的世界呼吸新鲜空气。

刚结婚那会儿他们彼此迁就，可因为兴趣这东西真没法将就，后来他们就在空闲时间各做各喜欢的事，渐渐地两个人越来越说不上话，在一起交流的时间也几乎为零，很自然地感情就慢慢变淡了。

两个人志趣相投简直太重要了，每个人除了正常的工作和生活以外，额外的时间几乎都只会做自己感兴趣的事，无论你是喜欢读书写字，还是跑步运动，甚至只爱吃吃吃。

在感情里，重要的从来不是你有什么样的爱好，重要的是你爱的人，是否跟你有一样的爱好。当然，一样并不等于全部，但至少要有共同的焦点和话题。

试想一下，夫妻之间你喜欢的她不感兴趣，她爱的你觉得没劲，如果各玩各的，各聊各的，那还用什么来维护感情呢？

刘姐今年36岁，最近听说她快结婚了，而她并没有表现得太过兴奋和快乐，不是因为不满意这场婚姻，而是结婚于她而言，只是锦上添花的一件事。因为即便是她一个人过生活，也可以把日子过成诗和远方。

刘姐平时的工作压力很大，通常她在工作之外，特别喜欢烘焙、茶艺，或者做一些小手工。而正是这些小爱好撑起了她平时枯燥无味的生活。

刘姐还是单身时，每晚下班后，会参加一个花艺培训班，然后在五彩缤纷的鲜花丛里修身养性，发现生活里美好的一面。

周末的时候，她会约着一帮朋友，在家用烤箱做各种各样的拇指饼、米花糖等小零食，甚至每位朋友过生日，她都会亲自做庆生蛋糕，不仅心意满满，也让寿星们感觉很受重视。

于是靠着这些小爱好，刘姐不仅充实了自己的生活，也结识了很多朋友，让日常的生活不再单调和乏味。

而与如今的老公相识相恋，也正因为有这些兴趣爱好。记得两人相亲时，她老公第一眼对她的印象并不是很满意，可当他得知她空闲时间居然拥有如此多的小趣味，两个人彻底打开了话匣子。

他说，相了这么多次亲，唯有这个女孩子并不是除了工作无事可干，自己有喜欢做的事，精神生活也很独立。于是后来两个人越来越投缘。

还记得徐静蕾曾说过一段话："演戏，收工，无论几点，总要做两个小时手工再睡觉。慢慢发现，做手工居然是最好的休息。专下心去，什么事都忘了，满脑子都是那些好看的布料、珠子，特美。"

每个人都应该拥有自己的兴趣爱好，才能抵御平凡琐碎生活中的一地鸡毛。也因为兴趣爱好，跟磁场相近的人在一起，才能更好地拥有积极乐观的好心态。

其实每个人都应该拥有一两件兴趣爱好，在钩心斗角的职场上，在扑朔迷离的感情里，在柴米油盐的生活中，才能以更好的精神面貌和人生态度迎接每一个明天。

这是梁启超在病榻上写给女儿的书信里关于兴趣的节选：

"我是学问、趣味方面极多的人，我之所以不能专积有成者在

此。然而我的生活内容异常丰富，能够永远保持不厌不倦的精神，亦未始不在此。

我每历若干时候，趣味转过新方面，便觉得像换个新生命，如朝旭升天，如新荷出水，我自觉这种生活是极可爱的，极有价值的，我虽不愿你们学我那泛滥无归的短处，但最少也想你们参采我那烂漫向荣的长处。"

也许每个人的工作都是繁重的，枯燥的，每个人的感情总是矛盾不断，冲突不减，每个人的生活也是单调无趣，平淡如水的，但如果一个人有了自己的兴趣爱好，那他就可以抵御一些现实生活的风吹雨打，因为爱好总是会滋养人心，润泽心灵。当人在感兴趣的人和事上，倾注精力和时间，就会感到快乐和放松。

愿我们每个人都找到自己的兴趣爱好，春看花，秋扫叶，夏养家禽，冬烧柴。读些闲书，品些清茗，让每一个日子都能充满阳光，充满欢乐，充满爱。

一个人成熟的五大标志

· 把焦点放在自己身上

在我们不成熟时，总是喜欢关注身边最近的人和离我们最远的人，关注他们过着怎样的生活。因为前者，几乎跟你在同一水平线上，他们过得好，你会嫉妒，过得差，你又会心生怜悯；而后者，不是位高权重者，就是名人明星，他们的逸闻趣事，是你津津乐道的话题，也是你平淡生活外的一剂调味品。

可等到你成熟以后，你会发现，隔壁中年大叔娶个小年轻，邻居王大妈嫁给了一个老外，家中穷亲戚突然成了暴发户，跟你一点关系都没有。而哪个演员最近绯闻缠身，哪个画家身世离奇，哪个艺术家江郎才尽，也跟你，没太大关系。

你最终也会发现，你每个月工资是多少，你跟谁结婚，你父母的身体怎样，才跟你有关系。离你最近的哪家超市物美价廉，你住的小区清洁卫生如何，你家的Wi-Fi信号好不好，也是你真心需要关心的。

记得社会学家鲍尔莱曾说，一个人成熟的标志之一，就是明白

每天发生在我们身边99%的事情，对于我们和别人而言，都是毫无意义的。

与其把宝贵的时间和精力，浪费在不重要的人和事上，还不如多花点心思，关注内在，提升自我，过好当下的生活，这比羡慕、嫉妒、议论别人的生活有用得多。

· 责怪的人越来越少

在我们不成熟时，在职场上，我们会怪老板太吝啬，工资发得最少，办公条件最差，上班时间算得最精；在生活中，我们会怪牛肉面馆里，只有面没有牛肉，或者怪你的朋友，跟你谈感情时，彼此还是兄弟，谈钱时，就伤了感情；在感情中，我们会怪初恋女友太势利，在你最无能为力的时候，她选择离你而去，或者怪男友太窝囊，宁愿心有不甘地去公司无偿加班，也不敢拍屁股走人，回家陪你吃顿烛光晚餐。

可是等你成熟后，你会发现，如果你是老板，你就会懂得，生意不好做，人力成本又很高，甚至即便你穷到揭不开锅，也要照样给员工发工资。员工有员工的难处，而老板亦有老板的难处。

其次，如果你了解小本买卖也不容易，朋友还有一家老小要养活，那么你会对此多一分理解和宽容。

最后，如果你是个女人，你会懂得，有时并不是只爱钱，而是现实生活里，也有很多无奈和苦衷。如果你是男人，你也会了解，男人的潇洒，不是可以随时说走就走，而是有能力对自己的家庭负责。

就如亦舒曾说，一个人真正成熟的标志，就是发觉可以责怪的人越来越少，理由很简单，人人都有自己的难处，而你，不一定懂得他们的生活。

其实每个人都有每个人的不容易。

· 对父母越来越好

在我们不成熟时，我们会经常跟父母抬扛、顶撞，甚至故意作对。

那时的你，讨厌父母的唠叨、管束、监督。那时的你，瞧不起父母的穷出身、低学历、坏脾气。

也许你以为上高中就可以住校了，读大学就可以远离父母的视线了，挣钱后就可以不听父母的话了，结婚生子后，更是有理由不回家了。

可是等你成熟以后，你会发现，原来无论你贫穷富贵、生老病死，甚至你成为很糟糕的人，也阻挡不了他们对你最无私的爱。

等到你自己有了儿女，你会越来越能接纳父母的不完美。

就如《请回答1988》里曾说，爸爸我也不是一生下来就是爸爸，爸爸也是头一次当爸爸，我女儿稍微体谅一下。

也许曾经的你，在父母面前足够任性。可是后来，你懂得每周给父母打打电话，放假回家看看父母，有空就多带父母出去逛逛。你越来懂得"子欲养而亲不待"的道理，你也越来越珍惜跟父母的每一次对话、交流、见面。

记得有人曾说："越长大越明白，一个人的成熟不是自己西装革履，不是自己呼朋唤友在城市的夜场指点江山就叫成熟，也不是渐渐在这个尔虞我诈的社会游刃有余就叫成熟，成熟是一份责任，对家庭，对爱人，更是对父母的责任。"

一个人无论多有修养、学识和能力，不爱自己的父母，就会人设崩塌。

· 不把希望寄托在别人身上

在我们不成熟时，我们在家饭来张口，衣来伸手，过着无忧无虑的生活。

你穿脏的衣服，有妈妈给你洗，你做错的事，有爸爸给你扛。

等到了社会，你就想着可以靠朋友，没钱租房时，可以住朋友家，没钱糊口时，到朋友那儿蹭吃蹭喝也没关系；找对象时，也会想象，嫁给一个有钱人，相当于找到了长期饭票，他从此可以免你忧，免你愁，免你无枝可依。

可是等你成熟以后，你却发现，原来父母也有老的时候，不仅不能再帮你遮风挡雨，甚至需要你为他们顶天立地；原来朋友也不是万能的，他们对你再好，也有自家的难处。

记得刘同曾说，任何事情，不要把希望寄托在别人身上，无论是情感还是工作，否则唯一的结果便是措手不及，安全感只能自己给自己。

其实当你经历过了一些突然来的意外，一些苦不堪言的背叛，一些猝不及防的感情伤，你才会慢慢领悟，我们宁愿花时间去修炼不完美的自己，也不要浪费时间去期待完美的别人。

宁愿未雨绸缪地自救，也不要痴心妄想等待别人的救援。

宁愿自己养自己一辈子，也不要相信别人会养你一辈子。

·不过分在意别人的看法

在我们不成熟时，总是特别在乎别人的看法。

读书时，我们把所有精力都放在应试教育上，我们渴望得到左邻右舍、亲朋好友的认同。

于是我们放弃了想要画画，想要学音乐，想要学点无用的兴趣爱好的念头，因为在大人的世界里，只有成绩好，才是乖孩子。

工作时，我们努力考公务员，参加事业单位的招聘，我们把找到稳定的工作，有份稳定的薪水，作为人生的终极目标。

其实我们并不喜欢朝九晚五的生活，也不愿意把自己的青春闲置在喝茶看报纸中，但是在别人眼里，所谓的成功，就是有个体制内的工作。

等到婚嫁时，我们找的是门当户对，父母喜欢，长辈乐意，甚至是邻居称好的对象，而非自己真心喜欢的人。

我们不是不想反抗，而是不敢反抗。我们不是不想争取，而是不敢面对众人失望的目光。

可等你成熟以后，你会发现，**原来真正有价值的人生，是去找一个自己喜欢的人，做一件自己喜欢的事，过一个自己喜欢的生活**。

毕竟别人不是你，他们无法决定你的人生。

正如杨绛先生说，我们曾如此期盼外界的认可，到最后才知道，世界是自己的，与他们无关。

毕竟你最后会懂得，每个人都只有一个独一无二的人生，而你才是你人生的主角。

努力和不努力，过的真是不一样的人生

我有个熟人，中专毕业已经7年，如今还在一家公司做着鸡肋般的工作。每天，她不仅要负责当半个文秘，写报告、做PPT、整理资料，还要当半个前台接待，接电话、发传真、寄快递，甚至有时，还要当半个推销员，既推销产品，又做售后服务。

她见我一次，就会跟我抱怨一次，说她的工作最苦最累，可却领着只比实习生略高一点点的月薪，而且因为工作性质不明确，简直跟打杂没什么区别，所以完全不受重视。老板每次要升职加薪、表彰先进、培养人才时，都把她忽略不计。

可是，即便有再多怨念，她也不敢辞职。因为她学历不高、能力不强，只能勉强算一个很敬业的廉价员工。更要命的是，这么多年，她竟从来没想过要努力提升自己。

当有些人成了工作的奴隶，整天加班熬夜，把自己的半条命都卖给单位时，另有些人却可以轻松地选择朝九晚五，或者浪迹天涯，可以很硬气地从一家大公司辞职，转身就到另一家更好的公司就职。

记得有人曾说过这样一句话，我希望你努力，不是为了要跟别人比成绩，而是因为我希望你将来拥有选择的权利，选择有意义、有时间的工作，而不是被迫谋生。

人生最大的自由不是你想做什么就做什么，而是你不想做什么就不做什么。

我们总是羡慕别人，却忽略了：学生时代，当你逃课、贪玩、打游戏时，别人用12年时间寒窗苦读；成年后，当你沉浸在无用社交、安逸生活中时，别人在不断精进，努力考证，提升技能。

所以，同样是工作，可能你只能端茶、打杂、当跑腿，在一家公司拖到底。而别人却下得了基层，也当得了高层，可以越跳越值钱。

虽然工作无高低贵贱之分，但努力和不努力的人，在工作中得到的尊重、自由、认同却是不一样的。

我有个表姐，是个大龄女青年，好不容易找了个男朋友。当我姨妈了解了对方的经济状况、家庭条件，以及工作情况后，就像突然被泼了一盆冷水。因为那个男生目前还在创业阶段，如果干得好，可能风生水起，而如果运气差，也有血本无归的风险。

姨妈总有些顾虑，可怜天下父母心啊，她害怕自己的宝贝女儿如果真嫁给那个男生，可能会过得很辛苦。

但是表姐却一脸轻松地劝我姨妈："即便他创业失败，我也没什么可担心的。毕竟这几年我通过自己的努力，找到了稳定的工作，也有了不少积蓄，根本不用担心我会露宿街头。"

而姨妈听她这么说，虽然还是不放心，但也不再阻止两人的恋情。毕竟女儿拥有自食其力的能力，嫁给谁不都是一样有安全感吗？

记得曾在一部电视剧中看过这样一段台词："我认真做人，努力工作，为的就是有一天当站在我爱的人身边，不管他富甲一方，还是一无所有，我都可以张开手坦然拥抱他。他富有，我不觉得自己高攀；他贫穷，我也不至于落魄。"

很多人因为现实压力，放弃了最爱的人，看似跟谁过都一样，可是不努力的人，往往只能选择将就凑合一辈子，而努力的人，却有足够的能力去争取自己所爱的人。

可能有些人，越来越不相信努力的意义，甚至有的人，自暴自弃，得过且过，浑浑噩噩地挨日子。在他们看来，人生在世，不过是一日三餐，不过是生老病死，殊途同归而已。

可是，那样也太没追求，太短视，太功利了。

你以为，不努力跟努力，到最后都是一样的结局，可是你却忘了，我们活着，不仅为了生存，还要生活；不仅要衣食无忧，还要内心丰富；不仅为了应付现实，还要追求诗和远方。

我想，努力奋斗的意义，真的不只在于挣了多少钱，有了多少权，得到多少荣华富贵，而是**当我们努力之后，我们才有机会不拘泥于方寸之地，不用过着毫无新意、一眼望到头没有任何期待的日子。我们会拥有更多的主动选择权，我们会有底气和实力去选择我们想要的生活。**

努力和不努力，看似差不多，其实差太多。

PART C
生活需要节奏感

时光悠悠，理想漫长。一辈子的东西，生活不会一下子全都给你。生活需要节奏感，梦想需要一步一步实现，慢慢来别着急。

生活需要节奏感

大自然有其节令、时日和年岁，天下的万事万物也有其规律、规则及秩序。

人活在这个世上，首先要遵守大自然的法则，顺应时代该有的变迁，然后才能在天地之间，打破自我局限，重塑自我格局。

而在人的一生中，想要达到这样的高度和境界，就需要把眼睛看远一点，把目标定高一点，把视野放宽一点，在各个方面都尽力做到张弛有度、收放自如，以一生一世而非一时一事去丈量和创造美好的未来。

· 余生很长，莫要慌张

你有没有担心过自己的未来？你害怕在有限的生命里无法成为想做的人，无法做成想做的事，无法看到想看的风景。

于是你着急、恐慌，甚至试图拔苗助长。你企图牺牲休息时间，省略陪伴家人的时间，甚至忘掉周身和全世界，去追寻你想要的答案和人生。

你不停加班、熬夜、赶进度，你无视生物钟的平衡，以及身体的健康，你妄求攀登上高峰以后才来关注自己，关注你应该重视的生活。

当有一天，你的体力透支了，你的精力耗尽了，绷紧你神经的那一根细细的弦，突然断裂了，你整个人将彻底失去一切奋斗的资本和能力，甚至将永远失去重来的机会。

也许刚开始，你对此不以为然。你只管牟足劲往前冲，往前赶，往前奔。而人生最快乐的事，大概就是你能满血复活、充满斗志、毫无畏惧地去实现你的理想；但同时人生最遗憾的事，也就是快要成功或者初见成绩时，生活突然在一夜之间坍塌，彼此你想要去调整、弥补和修复，都为时已晚。

而这样的例子，还少吗？

正当年轻、健壮、肩膀可以扛重量时，有太多人因为透支了生命的时限而就此倒下，一病不起，而彼时，再多的金钱财富，再多的斐然成绩，再多的名利声望，都失去了全部的意义。

我们要努力，但不要急，不要躁，更不要省略应该有的过程；所有的成功，看似在一夜之间爆发，其实都是靠日积月累、有条不紊、持之以恒地去完善和精进。

记得俞敏洪曾说："生命的意义在于从容，在于从容之中眺望未来，在于从容之中成就人生，宠辱不惊，看天边风起云涌，闲庭信步，赏门前花开花落。"

而每个人的一生，都有其独一无二的进度条。有的人，在二十岁时，就已达到了自我的顶峰；有的人，三十岁时才起步；有的人，四五十岁才突然找到了人生挚爱；更有人八九十岁才明白，自己真正想要的是什么。

其实重要的，从来不是你是否在年轻时就得到了你想要的一切，而是在每一个踏踏实实的当下，你能不疾不徐、不慌不忙、不紧不慢地去做自己。

也许有太多人，被张爱玲的那一句"出名要趁早呀，来得太晚，快乐也不那么痛快"给误导了。

但实际上，我们无法片面去定义，何为成何为败。我们唯一可以确定的是，但凡竭尽全力，就已经是最棒的自己。

而因害怕失败，不敢去尝试和探索，把自我困在预设的牢笼里，才是人生中最大的失败。

所以请记得，我们拥有长长的一生，无论遇到什么坎坷和不幸，无论再忙再累，无论你正在面对什么以及将要承受什么，我们都要学会——该努力时努力，该休息时休息，该吃饭时好好吃饭，该睡觉时好好睡觉，作息规律，饮食有节，在自我可以适应和适合的节奏里，不断地给自己充电蓄源。

人生只有在拥有目标和计划、有进有退、有攻有守时，才能在博观后约取，在厚积中薄发，在淡定从容的状态中，实现自修、自持，以及自我的圆满。

· 光阴很短，莫要放缓

你有没有这样的感受，总以为见不到的人、做不完的事、没有弥补的遗憾，都可以放到数不尽、用不完、拿不走的明天。

你原以为，自己还有许多次从头开始的可能，还有许多次选择的机会，甚至抱着只管今天畅快、开心、潇洒的心态，不管今后如何，

稀里糊涂混日子。

可是时光荏苒，转眼之间，你到了三十而立的年龄，依旧没有成家立业的能力；到了四十不惑的门槛，依旧没有泰然处世的心境；到了五十而知天命的分水岭，依旧还有许多怨、诸多恨无法释然。

于是你抱怨自己命不好、运气不好，甚至觉得上天对你不公平。

有时你甚至想不通，为什么自己只是虚掷了几年，就决定了这一生，就要为早年的不努力而付出昂贵的代价。

如果按照百岁来算，也许你会觉得时间还多着呢，但我们人的一生，说短不短，但说长，也不长，就要看你以怎样的速度和节奏去把握和掌控。

比如，在该好好学习时，我们就要抓紧时间，去丰富自己的内涵、学识和本领，尽量为自己增砖添瓦；而一旦你因为贪玩、好耍、不上进，而落下了队伍，想要在以后的人生中去追赶，就不那么容易。

比如，在该好好工作时，我们也要在适度的压力下，去锻炼、磨砺、提高自己，有时要冲刺，有时要加速，有时要猛攻，尽量让自己准备周全，因为机会，并非时时刻刻都在那儿等着你。

比如，在该好好追求喜欢的人时，不要总以为对的那个人始终不会走，也不要总去等对方先开口，更不要等有空了、不忙了、有时间了，再去珍惜和挽留。

有多少人的错过，并非缘分未到，时机不对，而恰恰是互相持观望的态度，总觉得主动出击的那一个站在被动位置。其实更多时候，爱来了，就要双手接住，一旦不小心放掉，就再也找不回来了。

有一句话曾说，人生在世，恍若白驹过隙，忽然而已。

该你努力时，就要舍得吃苦，舍得受累，舍得对自己狠一点。在这个过程中，有时可能会很疲惫，也会感到压力重重，更可能面临一些意想不到的麻烦和困难。

但这些都不是我们懒撒、懈怠、拖延的理由，少壮不努力，老大徒伤悲，是我们最不愿意看到的结果。

喜欢的人、愿意做的事、想要得到的机会，都要不遗余力地去主动出击，迎难而上。

也许追寻的过程中，我们会受伤，会受挫，也会面对许多不如意，可是你不试一试，又怎会甘心就此放弃。

其实每个人的生命长河都有其限度，甚至我们都无法预测，明天和意外究竟哪个先来。

在我们还可以拼搏、可以努力、可以为自己创造属于你的理想人生时，不要过于散漫，不要掉以轻心，不要等闲视之，趁精力充沛，趁时间富裕，趁年轻，趁现在，有的放矢，按照应该有的进度和计划，去规划你的未来，达成你的心愿，实现你的目标。

· 持之以恒，不乱节奏

每个人的出生环境、机遇不同，在智力、心性、兴趣爱好，以及人生追求上，也都大有不同。无论对于奋斗、生活，还是感情问题上，每个人都有自己的想法、计划和安排。

别人的速度和方向，仅仅是个参照，而非绝对的标尺；世俗的标准和观点，也不是唯一的准则。

你需要根据自己的实际情况，找到独属于你的生活节奏，然后选择你能承受的，承受你所选择的。

　　首先，你不能太忙，也不能太闲，更不能顾此失彼。就如《菜根谭》里讲："人生太闲，则别念窃生；太忙，则真性不现。故士君子不可不抱身心之忧，亦不可不耽风月之趣。"

　　往大点说，你的人生，应该有一个系统的规划；其次，在每一个阶段，你都能抓住重点，找到方向，不至于迷失和走偏；最后，你只需要按照自己的节奏，持之以恒走下去，就一定可以过上你想要的人生。

　　在生活中，我们要掌握适当的速度、火候和节奏，这是一门技术活，也是一门艺术课。

　　比如，时刻心潮澎湃，很容易陷入三分钟热度的陷阱里；而总是低迷颓废，也很容易步入一蹶不振的深渊。

　　比如，总是心急火燎，做出来的事就显得粗糙无质感；而总是慢慢悠悠，也会错过千载难逢的好机会。

　　比如，总是急功近利，不仅得不到预期的效果，也会因此得不偿失；而总是毫不在乎，就会将好运排除在千里之外。

　　其实生活需要节奏感，它不仅仅代表具体事务上的快慢、急缓、轻重，也贯穿到我们整个人生的脉络走向和趋势里。

　　无论是生活也好，感情也罢，我们都需要掌握好自己的方向盘，不要太快，也不能太慢，不要太急，也不要太沉，动静结合，主次分明，强弱有序，在结结实实的当下，找到这样的平衡点，方能无忧无虑、无悔无憾地过好这一生。

　　如今许多人，总是特别容易感到焦虑和纠结，其实这就是缺乏节奏感的表现。每个人都有自己的节奏，不一味地模仿，也不过度强求，才能活得自在和从容。

也许我们在一线城市奋斗多年，也买不起房；也许我们单身多年，也找不到伴；也许我们耗尽心力，也只能做一个平凡的人。但这些并不是你挥霍青春、自暴自弃的理由，也不是你走火入魔，以身体健康去换取虚名浮利的借口，更不是你执着地为了某个人、某件事而放弃一整片森林的原因。

你就尽力而为，努力做到不辜负自己；你就朝着自己心中构建的生活模型，一日一日来，一步一步走；该快时快，该慢时慢，该调整时，也要试着去改变。

只要你全力以赴、尽心尽力、不遗余力地前行，不忽略人生的其他必选项，比如绝对不能垮掉的身体、无法割舍的亲情友谊和爱情、不能放弃的梦想和追求等，那么无论多少年以后，无论你成为什么样子，都可以骄傲且自信地说——我已经做到了最好的自己。

三毛曾说：学着主宰自己的生活，即便孑然一身，也不算太坏的结局。

你有怎样的生活节奏，就会有怎样的人生缩影。这无关对错，也没有优劣，更无须评价好坏。

我们不乱分寸，我们气定神闲，我们忙中有趣，我们稳中求进，我们知道什么时候该做什么，什么时候不该做什么，我们也知道如何去把控局面和节奏。

我们在不断地审视、洞察、锻造中，找到了生活里的美，找到了人生中的乐，找到了更好的自己！

你要学会沉下心来去努力

我有个同学强子，毕业后回到家乡经商创业。很多人都不看好，可他还是决定要试一试。

刚开始，他开过西餐厅，由于经营不善，不到一年时间就关门停业了。当初那些不看好他的人继续冷嘲热讽，说他不是做生意的料，还劝他不要执迷不悟。

但强子并没有因为一次失败就放弃。接下来的几年，他卖过衣服，做过蛋糕，卖过手机……终于在不断摸索中，找到了真正适合自己的事——做装修。

因为他的设计做得很好，装修很有品质，价格也很亲民，所以生意一直很不错。不到3年，他就把当初赔掉的本钱全部赚了回来。

曾听过这样一句话，失败也是我需要的，它和成功一样对我有价值。只有我知道一切做不好的方法以后，我才能知道做好一件工作的方法是什么。

可能对有些人而言，之所以一事无成，不是他们不够努力，而是不够坚持。他们害怕失败，害怕被否定，害怕一无所获的付出，于是只要前进的路上出现障碍，他们就容易打退堂鼓。而那些成功了的人，他们反而不畏惧失败，也不害怕被嘲笑，甚至不怕从头再来。他们很清楚自己想要什么，一旦确定目标，便能风雨无阻地走下去。

我有个同事，人到中年，却突然想要考专业高级证书。很多人都觉得，完全没必要这么折腾。但他很坚持，他的工作很忙，便利用午休和茶余饭后的时间看书。

他的家人也不太支持，他就在陪完孩子以后，再做一套模拟题才入睡。周末也待在书房，认真研究历年考试真题。

他的努力，并没有虚张声势，也没有急功近利，他甚至很少去想万一失败了岂不是功亏一篑？他只是在点滴时光中日积月累，在快节奏的生活中不慌不忙地努力。

后来，他用了两年时间，复考了一次，终于考到了他想要的高级证书。老板主动给他升职加薪，可谓皆大欢喜。

有人说，人类所有的力量，只是耐心加上时间的混合。所谓强者，既有意志，又能等待时机。

我们往往在羡慕别人的好运时，忽略了别人在背后付出的努力。而那些真正心想事成的人，没有一个不是耐住了寂寞，承担了压力，沉下心来默默耕耘的人。

写作群里的牛人L小姐最近又出了本新书，据说销量不错，就连知名作家也给她写了推荐语。

正当大家都对她投以羡慕的目光时，她却非常客气地说，这并没有什么值得炫耀的，离着她想成为大作家的目标还有好远的距离。

　　群里的作者们有的认为她太过谦虚，可是后来我了解到，这个L小姐还真是不会因为取得一点点成绩就沾沾自喜，还跟以前一样每天坚持练笔、读书。

　　我觉得，努力的人通常分为两种：

　　第一种，知道自己要什么，然后不遗余力地去争取，即便在过程中有些许成绩，也不会被暂时的胜利冲昏头脑。

　　第二种，就是定了很长远的目标，可当他尝到了一点努力的甜头就会停滞不前，整个人开始膨胀，然后沉浸在辉煌的过往中。但是，能笑到最后的，一定是那些心中怀揣远大志向，还能一直沉下心来努力的人。

　　其实，努力并不是一件多了不起的事。只要你肯，每个人都可以为自己的人生去奋斗。

　　只是有些人，特别容易在坚持的路上走偏了方向。成功时经不起考验，失败时经不起磨炼，在平时的积累中更是受不了寂寞。

　　随着时代的发展，我们能得到的机会越来越多，我们的选择也越来越多。于是，有些人三心二意，半途而废，没有恒心。

　　我一直特别佩服那些能沉下心来努力的人，他们不受外界的干扰，他们有自己的目标，他们更能坚定地朝着目标奋进。

　　成功的路上并不拥挤，因为有些人走到半路就被困难打败了，被成绩诱惑了，被等待吓住了。只有那些能够默默去努力的人，才可能最终守得云开见月明。

所谓捷径，不过是踏实走好每一步

我有个朋友，上班不到两年就通过父母的关系成功晋升为部门经理。在旁人看来，拥有这样的捷径，真是再幸运不过了。可是随后的几年，朋友却在工作中表现得越来越力不从心。

虽然作为管理者，他拥有一定的威望，可手下的员工对他却只有表面的尊重，私底下都不服他。毕竟朋友还年轻，职场经验尚浅，自身的能力有待提高，遇事的反应也不太成熟，甚至还经常给他的团队指错方向引错路，比如，该加大宣传时，他却坚持"酒香不怕巷子深"；该做产品时，他却把精力放在外拓业务上；该做精细化管理时，他却坚持粗放式的管理模式。

认识到问题的严重性后，朋友决定放下架子，跟着公司的基层员工，从最基础的工作开始学起。从设计、制作、包装产品，到找渠道、做销售、扩大经营，他一步一个脚印，把之前落下的功课全部补齐。

朋友说，当自己有了能力，再来当管理者，心里就踏实多了。

我们许多人往往容易在自己能力还不足时，就心急着想要升职加

薪。其实此时，我们应该做的不是费尽心力攀高枝，而是沉下心来好好去努力。如果根基不稳，硬要省略掉为自己增砖添瓦的过程，那么即便占到了高位，一样摇摇欲坠，甚至可能摔得很惨。

记得我刚开始学车时，特别喜欢在速度还没提起来时就提前加挡。有时候，速度还是20码，我就加到了四挡，结果车子剧烈抖动，很容易就会熄火。

后来，教练教我，一定要先提到相应的时速，让车子的动力足了，再踩离合，换挡，加油门。这样，车子才会很平顺地衔接上，继续往前开。

其实，人的成长跟开车是一样的道理。刚起步时，你用一挡前行，几乎不可能用五挡把车开走；有点进步了，再用二挡、三挡匀速前进，就如青年时期的你，读了书，储备了知识，毕了业，才可以去参加工作，没有人一开始就飞黄腾达，立刻功成名就；等你足够成熟了，再换四挡、五挡加速前行，就如人到中年，往往能扛得起事、担得起责了，才可以攀上人生的高峰。

人生的每个阶段，其实都没有捷径。想要成长，都需要一步一步脚踏实地地去体验，去经历，并且在过程中慢慢收获经验和阅历。

我曾看过一个故事：

一位母亲，千里迢迢，跋山涉水，几经周折，才带着自己8岁的儿子，找到了一位名作家的住处。这位母亲向作家求情，让他教自己的儿子写出惊世骇俗的好文章，然后让儿子在短时间内一举成名。

作家实在很无奈，于是就把秘诀写在一张纸条上，装进信封里，让她带着孩子回家后才能看。

结果，等这位母亲回到家，急忙打开看时，发现上面只写了3个字：先认字。

这不奇怪，所有人要想成功，都必须打好基础。想要写出好文章，同样只有基础打好了，才可能会有流畅的文笔、清晰的思路、巧妙的布局。在这个过程中，你应该读的书，应该做的练习，应该有的尝试，一样都不可少。

小时候，我也常常问大人，什么时候自己才可以像他们一样，不用读书，不用写作业，想玩儿多久就玩儿多久。

那时，大人们总告诉我，你的路还长着呢。于是，我等啊等，盼啊盼，读了小学，入了中学，到了高中，进了大学，直到真正长成一名大人时才发现，原来成长的路上，真的不可能少摔一个跟头、少考一次试、少读一年书。

天下的万事万物，都有它的规律，春种，夏长，秋收，冬藏，什么阶段就做什么阶段的事。该你养精蓄锐时，不要着急出人头地；该你刻苦努力时，也别企图一鸣惊人；该你磨砺心智时，更不要妄求突然开悟。

你的基础打得越牢靠，你的过程走得越完整，你的努力坚持得越长久，你的成长才更容易发生质的飞跃。到最后，你终会明白，人这一生，很多事都急不来。如果你想有收获，该吃的苦，该流的汗，该受的累，一点一滴都不能少。

有些挫折是避不开的，有些过程是省不得的，有些捷径是走不通

的，所以，不要着急，也不要慌张，更不要耍小聪明。请你相信，通往成功最快的路，往往不是弯道超车。脚踏实地地过好每一天、每一年，我们终能过好这一生。

你要一直很努力，才能看起来毫不费力

这几天高考成绩陆续公布了，我公众号后台有个小读者兴奋地告诉我，她的成绩上一本大学轻轻松松没问题。我真心地对她表示了祝福，最后也善意提醒了一句，高考是人生的起点，但不是人生的终点，要一直这样努力哦。

也许我说这话太多余或者担忧过度，但我想生活中也有许多莘莘学子，在取得优异的高考成绩后，放弃了继续努力。

因为我们从小就被教育，只要考上了好大学，就意味着很大概率拥有好工作，更意味着有稳定的收入，连在选择人生伴侣时，都算赢在了起跑线。所以很多人一到大学校园就松懈了下来。

我记得我高中那会儿，学校有个师兄，家里一直很穷，祖上三代都是老实巴交的农民，高中时他用了3年从一个差生逆袭为考入名牌大学的优等生。我们本以为他这一生会从此改写，没想到过了两年，听班主任说，他居然面临着退学的危险，在大学里几乎门门功课都挂科，每日抽烟、喝酒、打牌，还犯了好几次校规。

其实后来这个师兄是否"改邪归正"，我并不太清楚，但可以肯

定的是，即便那些辛辛苦苦过了高考独木桥的人，人生也不会就此走上康庄大道。你若不努力，随时随地都有可能落后于人。

人生其实就如马拉松，它要比的从来就不是谁跑在了最前面，也不是谁暂时看起来更厉害，而是谁坚持到最后。这个世界从来没有一劳永逸的努力，就如没有不劳而获的成功，要想一生过得顺遂，除了一直努力，别无捷径。

从小到大，我们总是被这句话鞭策着前进——只要你努力……就可以……可到后来你会发现，努力是个持续式的状态，而不是一次性的投入。

比如，小时候老师总是告诉我们，只要你们努力冲刺，期末考了好成绩，就可以安心过好假期。可等开了学，你会发现学业依旧很重，作业依旧很多，书包依旧很沉。你考得一次好成绩，不代表你可以每次都玩得很安心。你必须每次都要很努力，才能过好每一个假期。

比如，你好不容易毕了业，父母告诉你，只要努力找到一份稳定的工作，以后就可以过上好日子。可等你过五关斩六将，费尽洪荒之力进入了好单位，你才发现原来这里人才济济，你不努力精进业务，随时都可能被淘汰。

又比如，你寻寻觅觅了好久，终于找到了人生的伴侣。在你结婚时，所有人都祝福你，幸福快乐过一生。可等你步入了婚姻，你才知道夫妻之间如果不懂得妥善经营感情，不要说百年好合，甚至可以每天都吵得鸡飞狗跳，让你不得安生。

在人生的每一个阶段，你够努力你够优秀，只能代表你那一小段日子的成功。而生活却是由无数个麻烦和问题组成的，你必须认认真真、努努力力地过每一个当下，解决每一个难题，渡过每一次难关，保证每一个环节不掉链子，你的生活才会一直顺着往前走。

在生活里总有人告诉你，考入一个好单位就是一辈子的铁饭碗，嫁给一个有钱人就能一生衣食无忧。可是，不管你信不信，这个世界从来就没有铁饭碗，也没有永远吃不垮的金山银山，更没有任何一种妙方，让你无忧无虑过一生。你若不一直努力，伴随在你身边的一切好运就会立即停止。

我家小区有个叔叔，一直以来事业有成，妻子贤惠，儿子懂事，似乎命运格外垂青于他，而他的好运和好命也是别人羡慕的地方。

有一次，他的妻子在院子里提到丈夫，她风轻云淡地说道，他哪儿是运气好，不过是一直够踏实，肯努力罢了。

原来这位叔叔小时候家里穷，小小年纪就早早地出来打工挣钱。那时无论脏活累活他都揽着干。即便到现在，他也保持着这份不怕吃苦的好习惯。

如今，他的生意虽然越做越大，但公司的每笔大单子他都会像事业刚起步那会儿一样认真审核，每个重要的老客户也都会像对待新客户那样用心维护，每次员工活动他也会为了团队凝聚力尽量参加。

他从没有因为自己是老板，就从此跷着二郎腿，在办公室里当甩手掌柜，而是总以一种如履薄冰般的心态努力经营着公司。

在生活中，他也一直努力做一个好丈夫、好父亲，即便自己有了身份地位，依旧对妻子体贴爱护，也会在百忙之中抽出时间陪儿子。

于是就当很多人在事业家庭中不能两全时，他做到了平衡。

其实，所有外人看来的功成名就，都是源于日复一日的点滴努力。**只有无论哪方面都毫不松懈的态度，才让今天的他看起来过得如此毫不费力。**

在现实生活里，有很多人说，创业容易守业难，其实难的不是外因的阻碍，而是很多人在取得一点小成就以后，就放弃了继续努力的决心。

也有很多人说，牵手容易相伴到老难，而这样的难也不是彼此的性格不合或三观不同，不过是很多人在得到意中人以后，就不那么珍惜和在乎对方了。

在生活里，努力是件太容易的事。它的容易在于只要你愿意，人人都可以做到。但它同时也是一件很难的事，因为一直努力，并不是任何人都能做到。

我们总是会听到很多励志的故事，比如在工作中，某人从一蹶不振到奋起直追，最后取得了一番大事业，从此走上事业的顺风顺水期。

比如在生活中，某人从一个大胖子摇身一变成为瘦美人。他们通过魔鬼式的锻炼和健身，从此拯救了自己的身材。

又比如在感情里，某人从一个被抛弃的手无缚鸡之力的家庭主妇，通过自力更生，从此变成了一个独立的女强人。

这些故事看起来似乎很轻松，但你却不知道，如果在事业巅峰不保持一直前进的动力，在身材体形上不保持终身自律的习惯，在个人精神上不保持不依附于任何人的强大内心，你最终只能过好一小段人生，不保证你一辈子过得顺当。

其实，努力并不能让你的人生从此会有翻天覆地的改变，努力也不会让你轻轻松松渡过每一次难关，努力更不会让你一辈子高枕无忧，但一直努力，就可以做到。

你的容貌，就是你性格的体现

最近我的一个朋友报名参加了一个舞蹈课程，可在见了几个美女教练后，她最终却选择了一个长得不是最漂亮，但看起来足够温柔平和的女教练。

当时我问朋友："为什么不选最美的那几位女教练？"

她回答说："她们的脸虽然足够精致，但面相不好看。而我选的这位女教练，虽然只是略施粉黛，第一眼见她时，没什么视觉冲击力，但仔细看时你会发现，她的眉目永远都是舒展的，笑起来时嘴角的酒窝特别迷人，而她那双眼睛看着你时仿佛会说话，不会给人咄咄逼人的感觉。

其他美女教练，刚接触时确实很养眼。可时间久了，你就发现她们并不美。比如，她们虽然也面带微笑，但笑容僵硬，脸部肌肉只是习惯性地抽动了一下，丝毫没有感染力，一看就属于不好相处的人。

再者她们虽然抹了厚厚的粉底，但额头隐约可见的青春痘，一看就是易暴易怒的主。还有她们的浓眉大眼，虽然看起来炯炯有神，可眼神里那不屑一顾，鄙视其他女人的感觉，一看就是凶神恶煞的样儿。"

后来，朋友在那位女教练的带领下，不仅身材越来越好，连面相也越来越美丽。

我想，在生活里，长得好看的人，总是很能吸引别人。而所谓的好看，不是她们的妆容是否完美，而是她们的面部相貌给人的感觉是否舒服自在，没有攻击性。

通常你的脸在一定程度上就是你性格的投影。你若爱发脾气，那眉头也特别容易紧蹙，当然看起来也让人很紧张；你若性子急躁，那眼神就很慌张，给人的感觉就不够安定；你若待人友善，那嘴角的弧度就会自然上扬，给人舒心的感觉；你若平易近人，那面部的状态就会呈现温暖柔和的一面。

前几天，我陪表姐去医院看病，排在我前面的一个女人长得非常漂亮，但总给人无法靠近的感觉，看她的面相，是把人拒于千里之外的那一种。

因为等的时间太久，她就主动跟表姐聊天，羡慕表姐的皮肤好，而她脸上的痤疮一直不见消，晚上也睡不好，即便敷了很多美白面膜，皮肤看起来依旧暗淡无光。

其实从这个女人的穿着打扮看得出，她没少保养，当然也不缺钱。可为什么看起来养尊处优的人，皮肤还不如表姐这种连护肤品都不用的人呢？

后来通过她无意间接的一个电话，我猜到了缘由，我想她看起来让人有距离感，不是因为长得不漂亮，保养不到位，而是她的性格不

够好。

她接电话时的语气非常尖酸刻薄，还因中途沟通无果，几次主动挂了电话，甚至气得在凳子上直跺脚。

我听她说的有些话，好像是她老公打来的，两个人因为某件事意见不合。

看她在一旁发脾气时，虽然嘴巴涂了粉嫩色系的口红，脸颊抹了减龄的少女系列腮红，可她那黑沉沉的脸实在让人担心暴风雨即将到来。

她等了几分钟，又气冲冲地闯到门诊室言辞犀利地责怪医生，到底多久才轮得到她。

当时我就在想，生气容易伤肝，她这样爱发脾气，气血不通，脸色自然很难看啊。

有人就说了，宽厚的人总是一脸福相，粗暴的人总是一脸凶相，而脾气不好的人，也是一脸刻薄相。你的容貌，其实就是你性格的投影。

其实长得好看和看起来好看是两回事，前者是先天的，是生而带来的天然容貌，而看起来好看，就不是单纯的感官体验，而是这个人的心性品行，甚至精神状态的综合体现。

一个长得好看的人，如果性格不好，修养不够，那他不一定看起来好看。而一个长得不够好看的人，如果待人友善，心胸大度，那他也会给人赏心悦目的感觉。

我家小区有位王姐，曾经因为长得非常漂亮，吸引了她老公的眼球。两人结婚后，她老公却经常抱怨说，她长得如何如何难看，甚至几次三番要跟她离婚。

其实这中间如此大的差异在于王姐的性格跟她天然的长相有巨大的区别。

王姐属于天生五官长得非常精致的女人，她天生就有双眼皮、翘鼻梁、锥子脸。可她性格特别敏感多疑，而且爱斤斤计较，动不动就翻脸。

有一次，王姐去参加她老公的同事聚会，因为老公说了几句她不太喜欢的话，本来还笑脸盈盈的她，突然脸色大变，当众指出他的问题。那一刻她老公觉得颜面尽扫，而且她那面部表情特别狰狞，让人看了都不敢说话。

在生活里，她老公处处受她的气，下班回家晚，做错点事，买了她不喜欢的东西，没按时接到她的电话，她都要生气。

她老公觉得跟她相处特别累，虽然她常常去美容院做各种保养，但她一生气时，所有外貌留给人的好感都全无了。

她年轻时，也许还因为本身底子好，即便性格不好，但长得漂亮啊。可女人的青春总是很短暂的，一过了30岁，相貌没有了优势，还因为长期生气，鱼尾纹比常人更多，皮肤暗淡无光，看上去老了好几岁。

其实我也见过很多跟她同龄甚至比她大很多的人，虽然长得没她漂亮，但越老越好看，她的问题就是性格不好。

可可·香奈儿曾说，20岁的脸是天生的，30岁的脸是生活雕刻的，但50岁的脸，是你自己选择的。

通常如果一个女人的性情不够好，心态不够乐观，待人接物不够

大气，那她衰老会更快。

其实一个人的面貌是否好看，不是单纯由你的面貌决定的，而是你长期性格的累积。你的性格好坏，通常最直接就反映在了你的脸上。

我们总是说以貌取人，其实这里取的不是她外在呈现的静态五官，而是取的动态的修养和气质。而一个女人最好的保养品，就是好心情、好心态、好性格。

佛家有句偈语："命由己造，相由心生。境随心转，有容乃大。"关于"相由心生"，民间还流传着这样一个故事：

很久以前，一个山东的手艺人，很喜欢雕刻妖魔鬼怪的东西，做得活灵活现。名声传出去后，很多人都找他做雕塑，因此发了不少财。

有一天，他照镜子的时候发现自己的相貌变得凶恶、丑陋、古怪。他向寺庙的长老诉说了这一烦恼，长老跟他说："我可以帮你，但你必须先给我雕刻几尊神态不同的观音像。"于是，手艺人就开始不断研究观音的心态和神情，琢磨观音的表情，有时甚至到了忘我代入的境界。

半年之后，当他把富有善良、慈悲、宽容形象的观音雕刻出来后，他发现，自己的相貌也已经变得正气、端庄了。

这个故事说的是"心"对于"相"的改造，而"心"其实就是我们的情绪。一个人长期的情绪状态是可以体现在自己的脸上的。

一直以来，很多人都很在乎自己的容貌，通过各种办法让自己变

得更漂亮，其实真正聪明的人，应该懂得从自己的性格出发，由内而外让自己变得美丽。

你的脸上，写着你的性格，你是怎样的人，你给人的外在印象就是什么样的。

世界正在悄悄奖励那些厚道的人

我曾经有个同事，出了名爱贪小便宜。出门骑个共享单车，她会让你帮忙扫一扫；到食堂吃顿午餐，她也让你帮忙刷一刷；自己叫的外卖，也总会找各种理由让你帮她付钱。

记得有一次，她在网上买了东西，快递送到后让她付59元，她又说自己没带钱，向一个同事借钱付了快递费。可是后来她并没有主动还，人家也不好意思问她要，于是她就心安理得地忘记了。

其实她每次占便宜的金额都不大，只是常常如此，时间久了，大家也就看清了她的人品。前段时间她因为工作表现太差，领导决定对她做一次民意调查，结果没有一个人替她说好话。

如果一个人对你有意见，那可能是个人恩怨；可如果所有人都不愿意跟你亲近，那你就要反思一下自身的问题了。

之后不久，她被辞退了。她走的那天，没人送她，也没人跟她说再见。后来听人说，她抱怨同事们落井下石。但她平时的所作所为，早就注定了今天的结局。

你为人越算计，越容易栽跟头；你越是给别人挖坑，你自己就越容易掉进坑里。那些想方设法贪便宜的人，最终总会吃大亏。

　　朋友L在卖水果，最近他的生意越做越好。他的水果质量不是最顶级的，价格也不是最便宜的，但就是有很多老顾客自愿帮他介绍新顾客。

　　因为有的摊主卖水果喜欢偷斤少两，尤其是对上了年纪、花了眼睛、反应迟钝的老年人。可是朋友从不干这样的事儿，哪怕是面对不识秤的小朋友，他也绝不多收一分钱，少给一个果。

　　以次充好的事，他也绝对不干。卖8元一斤的葡萄和卖5元一斤的葡萄，一定会分得很清楚。可是，有的摊主总是想把卖5元的葡萄混在卖8元的葡萄里卖。

　　刚开始，其他摊主都觉得我这位朋友很傻。可其实谁都不傻。有的人做的是一锤子买卖，敲你一棒是一棒，可被骗过的人，通常都不会主动再给你第二次骗他的机会。

　　而有的人，却做的是长久生意。也许第一次，你没发现他的优势在哪里，但时间长了，你终会识别出真伪好坏。

　　有的人因为狡猾，挣得了一时的便宜，可是有的人却因为厚道，挣得了源源不断的好运气。

　　前段时间，我去定做窗帘。看了两家商铺，他们的价格都差不多。

　　第一家老板极力给我推荐，所有的窗帘都要做帷幔，这样才更好看。

　　可是第二家老板告诉我，只需要将客厅和主卧室做帷幔，一来节

约钱，二来简约才是美。装饰只需要点到为止，不需要面面俱到。

后来，我按照第二家老板的方案，不仅节约了2000多元，而且效果还特别好。其实他这分明是有钱不赚，但他说，一切要从客户的需求出发，不能唯利是图。

再后来，我给他介绍了几个客人，甚至谁家装修房子，我都推荐他。不是得了他什么好处，而是觉得这个人值得信赖。

其实，无论什么职业，真正受人敬仰的，让人尊重的，能够走得更远的，一定是厚道的人。

在生活中，厚道的人看似很傻，其实是真聪明；看似糊涂，其实最清醒；看似最没前途，其实往往前途无量。

我们都喜欢跟厚道的人打交道，无论是朋友、爱人，还是街坊邻里，一个厚道的人，自身就带了三分福气。

往往人缘最好的人，最容易引来好运气；能得到贵人扶持的人，也往往都是厚道的人。

厚道看似是吃亏让步，其实是为自己增光添彩。因为没人愿意跟一个斤斤计较、老谋深算的人待在一起。而为人厚道，越是大度宽容、礼让谦逊，越容易让人主动让利于他。因为人人都知道，跟这样的人在一起，自己永远也不会吃亏，而更多会是互惠互利的结局。

所以，你看，世界正在悄悄奖励那些厚道的人！

嫁给一个会生活的男人

一天早晨，我在路上碰到刚从菜市场回来的刘姨和张叔，张叔左手提了几袋沉甸甸的蔬菜瓜果，右手牵着刘姨的手，两人有说有笑地往回走。

其实当初家境优渥的刘姨非要嫁给一穷二白的张叔，其中一个重要原因就是他懂生活，会过日子。两个人结婚后，真的把平淡无奇、寡淡无味的生活过成了诗和远方。

只要张叔有空，一定会早早起床，陪刘姨逛菜市场，他说菜市场每天都有刚从田坝里采摘的紫茄、红椒、黄瓜、青葱，经常逛这里会感觉每天的日子都特别鲜活有趣。而且，夫妻二人在商量买什么菜的时候，其实就是一种交流和沟通。

张叔是个喜欢做饭的男人，只要有空，他就会做几顿热气腾腾的饭菜，炖几锅芳香四溢的浓汤，拌一些新鲜可口的蔬菜沙拉。刘姨说，有时候工作很累，可回到家看到厨房里正在做饭的丈夫，锅里冒着油烟，碗里盛着热饭，所有疲惫都会烟消云散。

有人说，嫁人就要嫁给一个会做饭的男人，因为这样的男人最有

魅力。会做饭，首先说明他能照顾你，还说明他有时间陪你吃饭，在吃饭的间隙，两个人还会聊天唠嗑。其实在这些琐碎的日常里，夫妻之间吃得到一块儿，聊得到一块儿，感情就会得到不断升华。

有关两性情感的调查显示：10种让女人甜蜜的男人中，名列第二的是"主动为女人下厨，并且能做几道好菜"的男人。张小娴也曾说："拥抱一个爱做饭的男人，才是得到一张真正的长期饭票！"

其实会买菜会做饭的男人真的值得嫁，毕竟恋爱时的鲜花礼物、甜言蜜语，在经过岁月的消磨以后，不会每天都有，但饭要每天都吃，菜市场也是必须要逛的地方。而有个会陪你买菜做饭的男人，其实就是得到了细水长流的陪伴。

我每天出门上班时，都会看见一对夫妻结伴晨跑，除了刮风下雨，丈夫总是带着妻子锻炼身体，到了傍晚时分，两个人还会绕着公园并肩散步，共赏夕阳。日子在他们那里，充满了浓浓的幸福的烟火气息。

丈夫每天下班回家都会路过花市，只要看到漂亮的鲜花，他就会买几朵给妻子，甚至在路边看到颜色好看的野花，也会摘几朵回家放在花瓶里。他说，其实花市里的花儿并不贵，但一个小小的举动既可以让妻子开心，也美化了家，一举两得。

每年丈夫会利用年休假的时间，带着妻子到一处陌生的地方旅行，他说去看看不一样的风景，认识不同的人，会让生活充满新鲜感，这个习惯他坚持了整整8年。

平日里，丈夫还会经常陪妻子逛超市买生活日用品，小到选择毛巾的颜色和质地，大到家电家具的购置，都是夫妻二人一起商量买的。丈夫说，跟妻子参与到日常的家务事里，其实是跟妻子一起体验生活里的繁杂和琐碎，并且从中找到乐趣。

两个人闲在家里时，会经常依偎在阳台上，晒晒太阳，听听歌，看看书，日子过得无比惬意。

这对夫妻平常都有各自的工作，而且生活压力也很大，可两夫妻经常展现出来的都是笑容满面的容颜，和颜悦色的脾性，平易近人的情绪。

有人就说，嫁给一个男人，就是嫁给一个男人的生活方式。**与一个懂得生活仪式感、兴趣广泛、热爱生活的男人在一起，无论再乏味的日常也能从中找到无限的趣味。**

我一直觉得看一个男人的品位，就在于他的日常生活质量，他会把家庭当作事业一样去经营和付出，在平凡的生活里不断制造生活情趣，懂得生活仪式感，会带家人去旅游看世界，一起成长一起分享。毕竟两个人结婚其实就是过日子，如果没有过好日常生活的能力，婚姻生活也不会幸福。

院子里有对常年争吵的夫妻如今和好如初，日子也逐渐有了生气和活力。前几年两人经常吵架拌嘴，倒不是夫妻感情不和，也不是因为钱财纷争，不过是因为丈夫不懂得过生活。

比如，前些年丈夫是个工作狂，他认为对妻子最好的爱就是努力工作挣大钱，于是把所有心思都放在里面。每天回家吃饭也看文件，周末也加班，平时跟妻子几乎是零交流，因为只要一聊天他就开口闭口谈工作。

妻子过生日，他没有任何表示，妻子做了好吃的饭菜，他根本毫

无察觉，妻子把家里布置得温馨浪漫，他也视而不见。家里扫把倒了他都不会扶起来，无论买菜做饭，还是人情往来，他都对妻子说一句话，你看着办。

妻子说，跟这样的男人在一起，真的了无生趣。日子无聊呆板到一种让人窒息的地步，甚至有时候她都怀疑这过得不是夫妻生活，而只是如机器人般毫无情感交流和审美能力的日子。

后来丈夫渐渐意识到了自己的问题，一有空就会陪妻子去电影院看电影，手牵手去路边摊吃烧烤，有时也会陪妻子在客厅聊天看电视，周末一起下厨做顿可口的饭菜。就这样慢慢地，两个人在一起的时间多了，自然也就更亲近了。

妻子说，其实两个人过日子，并不需要男人权倾天下，女人倾国倾城，平凡生活的男女，都是在吃吃喝喝、琐琐碎碎里才能感受到实实在在的人间真情。

丈夫也说，一直以来，他把工作挣钱作为生活的重心，严重时，认为睡觉都是浪费时间，从来不养花不养鱼，不看月亮不看星星。后来他才懂得，努力不是为了简单的生存，更重要的是为了生活。在平常生活里，做上一顿精美的饭，品上一壶飘香的茶，雨来时，踩踩水，雪来了，捧把雪，这才是生活本身的意义。

如今两人冰释前嫌，真正过上了夫妻该有的日常生活。

其实选择一个怎样的男人，有时候决定了女人一生的幸福和未来。两个人的结合，相爱是前提，而有无过好日子的能力却是两人能否白头偕老最重要的因素。

通常一个男人没太多钱权，都无所谓。毕竟过日子，并不会因为你钱多、地位高就会过得越幸福，而一个男人如果懂得生活，懂得把日常的生活过出花来，懂得感知生活的美好，懂得去经营好日常的生活，才能真正感到幸福。

记得作家刘震云当年在得知获得茅盾文学奖时，他正在菜市场买菜，正琢磨中午是吃西红柿鸡蛋面，还是吃茄子打卤面。在这个关键时刻，编辑打来了报喜电话，说是《一句顶一万句》获奖了，又说奖金提高了。听到这个好消息，他立马不再犹豫，当即掏钱买了价钱更贵的西红柿。接着，刘震云说："不过那天中午的面条也没什么特殊，西红柿还是西红柿，鸡蛋还是鸡蛋。"

你看看即便是事业有成的男人，在一切功名利禄之下，都懂得过日子，在柴米油盐里去过一种朴实质朴的生活，才是真正的智慧。

嫁人就要嫁那种会生活的男人，倒不是说这样的男人就能驰骋于锅碗瓢盆的方寸之地，而是一个男人即便再光鲜耀眼，再有成就，也应该懂得生活不仅仅是工作，它不是战场，也不是天下，一个男人在外要如一匹狼一样为家庭争取更好的物质条件，而当他们回归生活时，就应该在一蔬一饭、一餐一行里拥有感知生活、过好琐碎日常的能力。

选择一个懂生活的男人，风花雪月是景，柴米油盐也是诗。愿有人与你红尘俗世，粗茶淡饭，共白头，长相守。

你那么在意朋友圈，微信里一定有喜欢的人吧

有次周末，我跟欢子去古镇玩，她兴奋得不得了，又是去捏手工艺人做的小泥人，又是去看民国时期的房梁建筑，兴致来的时候还去租了一套旗袍让黄包车师傅拉她逛一圈，顺便美美地拍了一路。

中午我们找了一处特色小馆子准备吃午饭时，欢子还在一个劲儿地倒腾她的手机，整个吃饭的时间，她用美图秀秀反复修了几十张图片，然后精选了9张到朋友圈。我让她赶快吃，吃完再发也不迟啊，她说，马上就好了。

我心想她发完了总该吃饭了吧，没想到她一边喊饿，一边隔几秒就拿起手机，看看有没有人点赞和评论。我无意间看见留言底部好评如潮，我说，这下你该心满意足了吧。

没想到欢子居然有些不太开心，说，估计这组图确实没太大意思。

刚开始我还没懂她为什么这么说，不是有很多人都给了赞吗，怎么她还不开心？

后来我才知道，原来欢子的微信里有个喜欢的人，她发的朋友圈其实只是为了引起他的注意，其他人给她点了赞，她也无动于衷。

你有没有这样的时刻，也许你偶尔发的某条朋友圈其实只是为了给喜欢的人看，想要得到他的回应。可无论你在朋友圈发什么内容，如何发的，频次多少，都丝毫不会赢得喜欢人的认可。

其实你发了那么多条朋友圈，即便收获了全世界的赞赏和长篇幅的评论，也不及喜欢的人一个微不足道的点赞和寥寥数语的点评。

有些人说，我发朋友圈又不是为了取悦谁，只是为了自己开心。可还有那么一小撮人，发朋友圈其实就是为了取悦某个人。

某天我跟几个朋友聚会，聊起了美亚。其中一个朋友说，我觉得她最近好像有些异常，因为她最近发朋友圈总是反反复复，发了删，删了发，发了又删。

其实我也早发现了这个问题，以我们对她的了解，美亚是个特别成熟理智的姑娘，也不情绪化，怎么最近像变了一个人。

有一次她发了几张早起晨跑的运动照，让人隔着屏幕也能感受到正能量；还有一次她看了一本经典名著有感而发，写了一段长长的读后感，大家都纷纷称赞她。可每次发了朋友圈，有些是隔了半天，有些是隔了几个小时，有些甚至发了不到10分钟就删了。

我好奇地问她为什么，她无奈地告诉我，原来她每一条朋友圈都是为了喜欢的人而发。

因为她见他总是给他们之间共同的另一个好友点赞，那个女孩子发自拍他点赞，发岁月静好的鸡汤文他要夸，发一些即便不着边际的生活感想他也是秒评。于是她以为只要自己发同类型的朋友圈，他也会喜欢。没想到，即便她一天轮番发100条朋友圈，即便跟那个女孩

子同个标题和图片的说说，他也只会跟那个女孩子互动。

其实很多人发朋友圈不过是为了在某个人那里刷存在感。你以为只要自己频繁地发朋友圈就可以引起他的注意。但最后你发现，无论你在朋友圈怎么努力，他还是视若无睹。

他从不主动联系你，也不给你的朋友圈点赞发评论，你以为他是性格所致，其实他只是没那么喜欢你而已。

太多人那么在意朋友圈，不过是因为微信里有喜欢的人，你那么爱发朋友圈是因为对他还有一丝希望，那么爱删也是因为失望，原来无论你怎么做，不喜欢你的人还是不喜欢你。

婷婷是我朋友圈里的"假好友"，因为她几乎从不参与任何群聊和互动，就连上次发的朋友圈也是半年以前。

可最近她居然隔一天就发一条朋友圈，而且发的内容真的是有点"辣眼睛"，比如，早上不想起床的困意照，中午吃的回锅肉小炒，晚上看的某部电影，有时候还会大半夜发几句让人似懂非懂的话。

当时我的第一反应，婷婷这是怎么了？如果这些内容换成其他人来发，我都觉得很正常，可婷婷明显就不是这个风格啊。

要知道平时的婷婷是那种即便明天山崩地裂，今晚也表现得云淡风轻的那种人。可现在的她心里包不住事儿了，有个风吹草动，小感冒小情绪都立马发朋友圈。最后我才听别人说，她谈恋爱了。

都说恋爱中的女孩子比较作，尤其从他们发的朋友圈就看得出来。

网上有个段子：没有喜欢的人时，就算摔断腿也懒得发任何动态，泰然自若把腿重新接上就是。但是有了喜欢的人后，哪怕吃饭时轻轻咬了下嘴唇，也要发个朋友圈："嘤嘤嘤，嘴唇好痛喔！"

在生活里总是有那么一群女孩子，她们并不是真的太无聊，也不是时间很多，更不是整天没事干只会发朋友圈，但是，即便她们忙得要命，也要在百忙之中抽出一点时间发朋友圈，为的就是让那个喜欢的人多了解她，想要在他的点赞、评论里找到喜欢自己的蛛丝马迹。

有人还说，发朋友圈只是为了喜欢的人，全世界都可以不看他的朋友圈，只要那个人注意到了就行。

其实一个人喜欢发朋友圈，大致有三种意义：第一种是发给自己看，单纯只是为了记录生活而已；第二种，跟亲朋好友分享身边的事儿；最后一种就是特意发给喜欢的人看。

当微信里有喜欢的人时，更多人发朋友圈只是为了给在乎的人看。

你半夜发朋友圈，不过是为了告诉他，我睡不着，你可以找我聊天。

你周末发的无事可干的懒散状态，无非是告诉他，我有的是时间，你可以随时约我。

你偶尔发的下厨洗衣服做家务的贤惠照，不过是提示他，我可以做一个很称职的女朋友哦。

但不论你发了多少朋友圈，他都不会鼓励你，关心你，甚至随意点个赞都做不到，你丝毫不能引起他半点情绪。

也许他并不知道，在遇到他之前，你真的不喜欢发朋友圈，但为了跟他有那么一点点靠近的机会，你只得不停地刷新朋友圈，企图让他注意到你。

也许他并不知道，你费尽心思去抠图修照，只是为了得到他一个赞，一条评论，哪怕他为此停留几秒也是好的。

也许他更不知道，自从你微信里有了一个喜欢的他，你的心就跟你发的朋友圈一样，忐忑不安又兵荒马乱。

其实有时候爱情就是这样，我拐弯抹角发了无数条看似跟你没关系的朋友圈，等它绕了地球一圈以后，最后还是想要告诉你，我喜欢你。

女人一定要拥有这三样东西

我认识的一位刘姐，无论在什么年纪，遇到什么样的人，好运都格外垂青于她。有些姑娘嫉妒她说，没办法，爹妈基因好，长得漂亮就是有优势。其实刘姐长得并不是太出众，刚好一米六的个子，没有鹅蛋脸和翘鼻梁，也没有大长腿和小蛮腰，不过是懂得打扮和修整自己，所以才看起来总是那么端庄得体，美丽大方。

刘姐小的时候，爸妈总是让她穿得干干净净，整整洁洁，从没有大花脸，衣服上也没有污渍，学校挑选领舞的、领操的、领读的，她总是第一个被挑中。一个看起来好看的小姑娘，总是会给人留下好印象。

大学毕业后，跟她一起参加面试的人，个个都是人中翘楚，论学历论能力论经验，她都处于中等，但最后成功入职的人却是她，她的招聘经理认为，一个人面试时所展露出来的外在形象，一定程度上可以代表一个人的精神内涵。

当天参加面试的姑娘衣装都很随意，唯有她一身职业装，化了一个淡妆，头发高高盘起，精气神儿十足。

等到了谈婚论嫁的年纪，追求她的都是有品有钱又顾家的好男人，虽然他们都说喜欢她是因为她的内在美，可说这话的前提是因为他们在此之前都见识了她的外在美。

不得不说，刘姐虽然长得普通，但特别会打扮，所以总是因为外在形象收获了很多意外的好运。

美貌绝对是一个女人的无形资本。在职场上长得漂亮的女人，会拥有更多的求职机会，甚至在嫁人时，也有很大的优势，德雷克斯就曾说："漂亮的女人等于备齐了一半嫁妆。"

一个女人要让自己看起来美丽，除了良好的外在形象，更要有由内而外展示出的会发光的精气神。美不是肤浅的搽脂抹粉，也不是单纯的穿衣打扮，美是一种态度，是外在展现出的良好精神状态，甚至也是一个人自律自爱的表现。

某个月我参加同学会，那些努力工作和闲散在家的女同学看起来差距越来越大。

就拿同学A来说，那天的打扮一看就是轻奢品牌，全身上下都美得恰到好处。同学A是个非常独立的姑娘，从毕业到工作仅仅用了3年，就成功升职为公司的部门经理。如今每个月拿着万元薪资，吃穿用度都比普通女孩更舍得，也更有资本挑选更优质的物品。

也有很多姑娘，在囊中羞涩和买买买中无法自拔。爱美需要一定财力做支撑，至少你有一定的经济基础后，不用看到中意的衣服时，为了节约钱去网上买劣质的同款，也不用节衣缩食一个月只为买一双美丽又舒适的鞋，更不用纠结化妆品是买毫无质量保证的三无产品，还是去正规商场买专柜产品。

拥有独立的经济能力，不仅可以花钱打扮自己，更不用依附于任何人，看别人脸色行事，能更有底气地生活。在一定程度上，美跟钱真的有关系。

　　上个月听说同学A快订婚了，大家开玩笑地问她："男方经济条件怎么样？"她自信地说："我结婚只为爱情。如果男友没钱，我也可以自己养活自己；如果男友有钱，我也不是高攀，因为我同样有底气。"

　　有人说，女人一定要有钱，口袋里的自由，决定你一生的幸福，也决定你脸上的笑容。亦舒曾经说过："作为女性，先要争取经济独立，然后才有资格谈到应该争取什么。"女人拥有了独立自主的经济能力，是拥有美好生活的前提，更是获得幸福的一大保证。你不一定要多有钱，但你一定要有自己挣钱的能力。虽然钱不能买来很多美貌和爱情，但钱却可以有助于提升美貌，维护爱情。

　　我认识一个家庭主妇，早年因为没人带孩子，家里又有需要照顾的老人，于是她就辞了工作在家料理家务。

　　大家都知道家庭主妇的生活其实一点儿也不轻松，因为长期有体力劳动，她的双手长了很多老茧，脸上有很多雀斑，皮肤也被晒得黝黑，她平时也没什么闲暇时间和金钱倒腾自己。

　　因为这几年经济不景气，丈夫在外面挣钱也很辛苦，每个月能拿回来补贴家用的钱越来越少，所以她的生活都是捉襟见肘，更别提花钱买新衣服了。

　　通常这样的女人都爱怨天尤人，毕竟巧妇难为无米之炊，更何况身为一个女人，看着其他女人个个穿得花枝招展，打扮得明目艳丽，

自己也有自卑感和挫败感。

可她却丝毫不嫉妒也不羡慕，更不会跟老公怄气怪他挣钱不多，自己经济条件差，就少买一点，每次买好一点，多穿几年。

实在没有能力买保养品，就通过一些好的生活习惯做改善，她说，常吃蔬菜瓜果也可以使皮肤变好，经常慢跑和散步也有助于减肥，甚至保持好的心情和稳定的情绪也可以让皮肤有光泽。

她一直拥有很好的心态，从不与人攀比，也不小气，无论遇到怎样的逆境，都能拥有坦然的心态去处理问题。女人没有钱不可怕，没有颜也不可怕，可怕的是没钱没颜又没有良好的心态。

一位哲人曾说，你的心态就是你真正的主人，一个积极乐观的女人总是活得更幸福，而一个悲观消极，凡事喜欢抱怨、争吵、怨怼的女人总是过得不顺遂。

通常女人拥有怎样的心态就有怎样的人生。幸福的女人并不是最有钱的女人，也不是长得最漂亮的女人，而是拥有懂得自我调节情绪，懂得换位思考，具有从容淡定去过好每一天的智慧和情商的女人。

一个女人，最好的状态就是有颜，有钱，又有好的心态。而所谓的颜，不是仅仅浮于外在的美貌，有钱也不是指银行卡里的数字，甚至好的心态也不是得过且过，没有努力只会两手一摊的不作为。

首先，女人要拥有良好的外在形象。

其实每个人给别人的第一印象就是你的外在形象，无论你长得是否漂亮，是否有足够多的装饰，但一个女人懂得收拾自己的容貌，懂得竭尽全力让自己看起来更美丽，本身就是一种才华和能力。

没有人通过你糟糕的外在，俯瞰你优雅的内在，因为人家在第一眼就把你pass掉了。女人无论在哪个年龄阶段，都要有一种坚持美丽的态度。

其次，女人要有独立的经济能力。

凯瑟琳·赫本曾说，女人啊，如果你可以在金钱和性感之间做出选择，那就选金钱吧，当你年老时，金钱将令你性感。

其实一个女人拥有经济能力，是抵御一切生活重创的保证，也是提高生活质量的前提。有人就曾说，女人可以没有倾国倾城的容貌，没有傲人的身材，没有完美的爱情，但一定要有钱。

最后，女人一定要有良好的心态。

我想这一点是最最重要的，女人活得好不好，也许跟有颜有钱有很大关系，但最终的决定因素却是一个女人的心态。

幸福的女人从不是拥有更多，也不是遭遇很少，更不是得到了多少宠爱，而是懂得在不完美的生活里去发现完美的一角，是懂得在许多不公平中感恩自己已经得到的，是在不理解中站在别人的角度思考问题，也是懂得发现和感知生活里最美好的一面。

通常命好的女人，都有颜，有钱，又有好心态，而这三者都是相辅相成，互为补充的。

早起的人更容易成功

最近公司同事去做体检，检查报告拿到后，个个都愁眉不展，因为大家都各自查出了大大小小的问题，比如血糖偏高、动脉硬化、骨质疏松等，就连刚入职的90后实习生，也查出了脂肪浓度偏高。

但很奇怪的是，公司里有个已经50岁的老同事刘哥居然一切正常。

刘哥早些年因为工作应酬比较多，体重超标，还有啤酒肚。而且因为长期久坐办公室，身体的很多毛病都出现了，他还隔三岔五请假去医院。

可如今，他真的是越活越健康了。而这一切都要得益于他那早起的好习惯。

3年前，刘哥坚持每天早晨6点起床到公园晨跑，因为要早起就逼着他必须要早睡，不然的话根本起不来床，也会没有精力跑下去，而早睡的他更有充足的睡眠，身体也得到了完全的休息。

不仅如此，他在晨跑出门前就用电饭煲炖了八宝粥，将前一晚泡在清水里的黄豆扔进豆浆机里。每天他跑步回来，正好可以吃一顿营养丰富的早餐，然后收拾妥当，精神饱满地去上班。

因为早起的缘故，刘哥不仅体重保持到了正常的水平，身体也越来越健硕。

刘哥说："早起会让你收获很多意想不到的好处，也会让你一早起床就充满了朝气和活力，这人啊，是越活越年轻了。"

不过你还别说，早起真有这么神奇。

很多人经常起得很晚，不仅头昏脑涨，睡眼惺忪，上班途中也手忙脚乱地赶时间，马马虎虎对待早餐，而且当你起得越迟，你就会容许自己睡得越晚。于是黑眼圈、疲惫、精神萎靡不振等问题接踵而至。

而那些习惯早起的人，不仅身心更健康，精力更充沛，心态也更积极。不得不说，早起的人生真的很赚。

我有个朋友木子，这两年她居然在神不知鬼不觉的时间里，陆陆续续通过了5个职业资格证书的考试。

我感到纳闷儿，并向她讨教如何能在百忙之中抽出时间提升自己。

她说："其实哪有什么立竿见影的方法，而且白天工作如此繁忙，任你有三头六臂也不能把一天的24小时变成25小时啊。"

我听了就更惊讶了，她看我迷惑的样子，于是就告诉了我她的法宝，就两个字——早起。

木子说："我每天早上5点起床，几乎比一般人多出两小时。利用这两小时，我各分1小时看专业书籍和世界名著，专业书是为了更有利于提升工作，而看其他书，则是为了修身养性。"

她继续说道："刚开始早起读书的时光，不会立见成效，你也不容易看出它带给你的好处。可就是这样日复一日的坚持，一年下来可以读上百本书，也比别人多出更多时间用于额外的充电和学习，自然比别人成长得更快。"

木子还跟我说，因为早起其实也是一件看似简单但做起来很难的事，当你要求自己在严寒酷暑也要早起时，其实就是在跟自己的思想做斗争。

你越能坚持，在生活里也就越自律，越来越懂得合理安排好自己的时间和精力。

听木子这么说，我突然醒悟，原来我平时那些拖延症真的跟经常赖床有着千丝万缕的关系。而那些早晨说起就起的人，意志力会更强。

有时候我们跟牛人的差距，其实都在很细微之处。他们的智商情商并没有比我们高出多少，或许仅仅因为一个早起的优秀习惯，就可以轻松拉开与普通人之间的距离。

南怀瑾先生曾说："能控制早晨的人，方可控制人生。"那些能控制早起时间的人，简直就是赢得了自己的人生。

我有个叔叔，是做木材生意的。在竞争越来越激烈的市场环境下，他的生意却做得风生水起。

其实他最大的生意源，来自当地的一家大企业，而他是唯一的供货商。

也许你会问为什么就选中了他？

6年前有很多家工厂竞争这笔单子，竞标时企业老板听到叔叔无意间提到了平日里爱早起晨跑，并坚持了10年之久。本来竞争优势不明显的他，居然一下子被选中，一直跟那家企业合作至今。

后来叔叔问那家企业的老板，为什么只凭这个爱好就放心大胆地选择了他？那位老板说："其实你们几家的条件我都看过，大致也差不多，我选合作对象，除了货要好，对方的人品也是关键。毕竟我们是做长久生意的，总是希望找到一家稳定的供货商，做事不能太拖拖拉拉，也不能突然掉链子。而当天来竞标时，是早上8点，我看其他人都一副没睡醒的样子，有些还迟到了几分钟慌忙跑来。唯有你早早就到了，看起来精神抖擞，神采飞扬。"

老板说："一个能坚持早起10年之久的人，一定有超人的意志力，而且这样的人也值得信赖。"

其实那老板说的一点儿也没错，在生活里我叔叔确实就是这样的人。

这些年叔叔无论跟谁合作或者打交道，只要答应别人的事，再难也会坚持做到。

叔叔说："早起其实就是一个战胜自我的过程，你越能克服一切困难坚持早起，就越能在生活中的其他事情里，沿袭这个好习惯。"

那些爱睡懒觉的人，通常凡事爱拖延，爱敷衍，对自己的要求也不高；而早起的人通常做事利落，效率更高，执行力倍儿强，这样的人也更容易得到别人的青睐和肯定，也更容易成功。

其实在这个越来越忙碌的社会中，我们太需要把早起的好习惯继续培养起来，因为早起，能给人带来很多好处。

· 早起的人身心更健康

长期坚持早起的人，几乎没有熬夜的坏习惯，他们的生物钟更稳定，免疫力自然也更强，身体素质比一般人更好。

早起的人通常心里无太多烦恼和挂碍，晚上睡得好，早上起得来，心态特别平和稳定。

· 早起的人意志力更强

能够早起的人，并不是他本来不想睡，而是相比那些爱睡懒觉的人，他们更有坚强的意志力，让自己果断地脱离舒适区。

试想一下，如果一个人连早起都不能做到，还怎么能在其他事上表现得更有执行力？越是优秀的人，越能在生活细节里找到自律的影子。

· 早起的人更优秀

长期坚持早起的人，性格通常更温柔随和，更能在遇到问题时临危不乱。

研究发现，长期坚持早起会对情绪产生一种促进作用，让每个早起的人自我感觉良好，更加乐观积极向上，也因此收获更好的人缘和机会。

还记得奥巴马在大选的时候，曾被问道："你最大的优点是什么？"

他说："我总是提前。"

"是的，每天提前起床，提前安排好繁忙的日程，提前到白宫，提前参加记者会议。"奥巴马说道，"当你总是能够提前，这个世界没有什么是你做不到的。"

　　如果你想要变成一个优秀的人，想要更加美好的生活，想要更加精彩的人生，那就先从早起开始吧。因为这个世界正在奖励那些早起的人！

真正有品质的生活，并不需要多花钱

我家住在郊区，而我每天需要乘车进城上班，其中有个开大巴车的王师傅给我留下了极深的印象。

每天早上6点，王师傅把车停在十字路口，等乘客上车后，到了发车时间就走。我每次坐上王师傅的车，都可以听到车载音乐里，小声地放着邓丽君的歌，歌声婉转悠扬，甜而不腻，听了以后仿佛全身每个细胞都舒展开来。看得出，王师傅很喜欢听歌，而且他还会唱两句。

平时无论开最早还是最晚的班车，他从不叫苦叫累，总是热情洋溢地提醒每位乘客注意安全，系上安全带。

如果是其他轮班司机，一大早个个都是睡眼惺忪，骂天骂地的样子，不是抱怨工资低，就是抱怨开车太累，因为心情总是不好，于是也不给乘客好脸色。

而且我还发现，只要是王师傅开车，车里的空气就要清新很多，比如，冬天的时候他会往车里放一小瓶空气清新剂，淡淡的味道冲抵了车里的霉臭味和烟味。

而到了夏天，他总喜欢在街角一位卖花的老婆婆那里买上几朵黄角兰和几串栀子花，挂在车的后视镜上，车子开起来的时候，微风透过窗户吹进来，花香氤氲弥漫在车里，让人感到了一股股沁人心脾的香味。

而对比其他司机开车，车里总是又脏又臭，即便地上有果皮，司机都不会顺道弯腰扔到垃圾桶，更别提会装点车内环境了。

有一次，车还没启动时，我对王师傅说："你是我见过最懂生活的司机。"他带着乡村人的那份特有的淳朴和憨厚的表情说道："每天利用开车间隙听点喜欢的音乐，闻点清新的花香，就感觉工作没那么劳累。"

这位王师傅用这一种积极乐观的生活态度感染了我，他让我知道，原来无论生活有多么难，只要心生阳光，热爱生活，然后为每一天的日子多花一点点的心思，也可以让自己在有限的生活条件下过得更快乐，更轻松一些。

我家小区有位王阿姨，是名家庭主妇，早年因为丈夫体弱多病，又要供养儿子读书，家境并不富裕。

可这位王阿姨，并没因为拮据的生活条件，把日子过得死气沉沉，反而是用积极乐观的好心态把日子过得热气腾腾。

王姨是个手工达人，无论做什么都充满浓浓的兴趣，在其他妇女在院子里扯张家长李家短，抱怨丈夫不中用、儿子不争气时，王姨总是在不完美的生活里找到了很多乐子。

每年到了青梅熟透时，她总是会到农家院子里去采摘一些梅子，拿回家用酒坛泡青梅酒。到了冬天下雪时，王姨还会用竹竿、木片将

雪赶入面盆，然后倒在坛子里做盐蛋，这样泡出的油心子盐蛋，味道特别香。

而在家居生活里，王姨也特别注重生活品质。虽然她住在10多年前的旧房子里，而且全是旧家具，可这丝毫也不影响王姨对生活的认真态度。

王姨会把一家人的照片贴在客厅墙上，上面用各种颜色的小相框固定着，有儿子小时候哇哇大哭的照片，也有夫妻结婚时喜气洋洋的合照，更有一家三口旅行的自拍照，看上去特别温馨浪漫。

她家阳台虽小，但她养了很多小盆栽，比如紫色的蝴蝶兰、白色的风信子、粉色的观叶海棠……五颜六色的小花和枝叶茂盛的绿植，让整个家充满田园小清新般的气息。

王姨说，其实过日子啊，无论有钱没钱，都一样可以感受到幸福。只要你拥有一颗热爱生活的心和一双发现美的眼睛，日子一样可以过得丰富而有趣。

作家曾焱冰有一句话：我们需要不断庆贺眼前的美好，方得以无畏前行。爱和美，是我们能对庸常生活所做的最大的改变和不妥协。

只要我们拥有积极乐观的人生态度，能在琐碎的生活里依旧有提炼幸福的能力，无论贫富贵贱，每个人的生活其实都可以过成诗和远方。

张婆婆是一位年过七旬的白发老人，她老伴儿走得早，女儿女婿也不在身边，可她一个人生活并没有悲天悯人和消极怠世的心态，反而把每一天都过得充实又快乐。

张婆婆是一个特别爱美食的人，即便一个人也爱倒腾。有一年冬天，我到她家送东西，我无意间看见饭厅里，有个电磁炉上面放着一个小铝锅，锅里面还发出咕噜噜的声响，锅上面冒着缕缕白烟，旁边有好几个小碗，里面装着新鲜的白萝卜绿豆芽，还有几片五花肉和肥牛。

我当时问张婆婆："你家里有客人吗？"

她说："没有啊，我想吃火锅了，但一个人吃不了多少，下馆子又浪费钱。于是我一早起床就去菜市场逛了很久，然后把想吃的菜买回来，择菜配料洗锅，整整花了5个小时呢。"

张婆婆说："其实我也不是真的非要自己做，但趁着还可以动弹，就要充分享受和达成每一个生活里的小心愿。生活里有美食有期待，我就觉得活着真是好。"

平日里，张婆婆很爱观察大自然的花花草草，今天院子里的桃花开了，明天樱花开得正当季，后天红色的玫瑰花香味扑鼻，她总是带着一份对生活的惊喜力，迎接着每一个老来为数不多的日子。

她一个人实在乏了走不动的时候，就在家逗逗小猫，养养小狗，在午后的阳光下，侧躺在沙发上看鱼缸里的小金鱼在水里游来游去，日子过得恬静又满足。

她似乎跟其他老婆婆不太一样，她几乎从不恐惧死亡，也不会扳着指头过无望的日子，反而心里没有太多挂碍和担忧，只是专注且热爱每一天平凡的生活。

张婆婆说："人无论到了什么样的年纪，都应该葆有一颗热爱生活的心，真真切切踏踏实实地过好当下的日子。"

其实每个人的生活都是一地鸡毛，我们总是会遇到很多不称心不

如意的事儿，但每个人都可以在历经风霜雨雪后，依旧努力把日子过得尽可能惬意和美好。

就如罗曼·罗兰曾说，这世上只有一种英雄主义，那就是在认清生活的真实面目后，依旧热爱生活。

无论你是居家勤俭过小日子，还是锦衣玉食过大日子，无论你是游历千山万水，还是止步于家门，只要心中对生活充满虔诚、敬意和爱，美好的生活其实不在远方，也不在别处，就在我们自己脚下。

热爱生活其实跟金钱、地位、权势、官位毫无关系。有的人即便在方寸之地，粗茶淡饭间也可以感知到快乐，而有的人即便良田万顷，珍馐海味也同样对生活无感。

巴西著名作家保罗·柯艾略曾在书中写道：我们要从平日司空见惯的事物中发掘出视而不见的秘密。如果你以美好的眼光观察这个世界，淡定从容地享受生活，你就永远能看见天使的面容。

愿我们每个人都做一个热爱生活的人，把诗情画意揉进柴米油盐里，把生活描绘成你喜欢的样子。

学会过一种不纠结的生活

前两天陪我姐去商场买鞋，她挑中了喜欢的款式，但面对两个颜色不知如何选择是好。

我们在专柜里待了半小时，我姐一直在那儿纠结到底要哪个颜色好，黑色百搭，好配衣服，蓝色时尚有范儿，但特别挑皮肤。

我姐反复问我："小妹，你说哪双好？"

我说："要看你自己更中意哪双。"

我姐试来试去，自己都没了主意。最后她还是买了黑色那一双，但她在回家路上并不开心，不停唠叨自己更爱蓝色那双。

我对姐说："花钱买东西时，要尽量选自己喜欢的，而不是每次都选最实用、最结实、最耐用的。毕竟千金难买心头好。"

我姐白了我一眼，说了四个字，不懂节约。其实她错了，正因为我买东西一定要遵循我自己喜欢的原则，所以我总是很珍惜所买的东西。

但我姐不一样，她每次都买看起来性价比最高的，买了以后又始终觉得没过瘾，于是反反复复买，既没节约钱，又让很多东西成了无

用的摆设。

其实这种购物心理很多人都有，当你必须在两件物品中做选择时，很多人都特别纠结。选自己喜欢的通常性价比不高，但性价比高的，通常又不是最喜欢的。于是到最后无论他们选哪一样，都觉得有遗憾。

其实既然是做选择又怎会没有遗憾呢？当你纠结的时候，你就知道鱼与熊掌不可兼得，这世上根本就没有十全十美的事。

就拿购物来说，当你选择了性价比高的，你就要多想着它的实用性，而当你选择了好看的，你就要把更多焦点放在它的观赏性上。你总要着重去看它的优点，尽量看淡它的缺点。

有太多人之所以纠结就在于，既想要实用又想要好看，然后还想把所有优点集于一件物品上。但这世间所谓的"全能"真的只是一个伪名词而已。

轩轩的父母在她很小的时候起就一直在外打工，直到她大学毕业，父母才回到老家生活。轩轩好不容易跟爸妈建立起了感情，自然凡事也特别在意他们的想法。

如今轩轩谈了恋爱，但男友的家庭条件很拮据，父母是下岗工人，弟弟正在读大学，自己工作也不稳定，无论从哪方面看都不是最优选择。

轩轩特别喜欢他，但轩轩父母并不太满意。年初父母给她介绍了另外一名男子，那男子相貌堂堂，据说是某办事处的公务员，工作稳定，而且家里的父母也是单位的正式退休工。

轩轩见过他，但无论他条件再好，就是对他没感觉。毕竟感情这事儿并不是看谁有钱就更爱谁。

轩轩是个20岁出头的小姑娘，虽然面对感情很执着，但也经不起亲人们的再三游说。父母还暗示她，如果执意要选她喜欢的人，以后的日子不仅不好过，而且即便她结婚也不会祝福她。

这时候她心里慌了，毕竟在亲情和爱情中真的很难做出二选一的决定。

轩轩为了这件事几乎到了茶饭不思的地步，于她而言，她不会嫌弃男友穷，但也不想跟父母对着干，她绝望时甚至还想着终身不嫁算了。

我想很多人都曾面临过这样的选择，也许每个人想要的不一样，但我始终认为婚姻大事父母可以给参考意见，但不是绝对掌控。

人的命运其实是由自己掌控的，尤其是婚姻大事，因为伴侣是要跟你生活在一起一辈子的人。《小紫荆》里曾说，无论多豪华的婚礼都不代表幸福婚姻，两个人终生相处和睦与否和筵开几席、多少首饰全无关联。

其实感情的事自不必如此纠结，因为爱就是爱，不爱就是不爱，不会因为你丝毫的纠结就能把不爱变为爱。

我家小区有个特别爱纠结的家庭主妇王姨，她家的经济条件其实并不差，但生活质量却很低，她总是在做出一项选择后，不断地抱怨和后悔。

有一年，他们一家人准备利用丈夫的年休假和孩子的暑假出去旅行。王姨刚开始还答应，等到快要出发时，她就开始犹豫了。她说夏天出去天气太热，走得太远人会疲惫，再说了暑期是旅游高峰期，景

区一定人山人海。

其实她说了这么多，重点却是她心疼钱，毕竟三个人旅游来回的飞机票和食宿肯定要花上大几千，她想着这个钱还不如省下来给儿子当学费。但她又想出去看看世界，家人也难得有聚在一起的时间，纠结得不知如何是好。

还有一次，她跟闺密约好，单独出去玩几天。她总是说，自己是家里命最苦的人，要管吃管喝全包干。可好不容易有一次放松的机会，她却并没有乐在其中。

跟闺密在外玩的那几天，她总是心不在焉，害怕自己出了门，他们爷俩儿在家会不适应，总担心他们饭有没有好好吃，觉有没有好好睡，全程无心看风景。

其实最好的生活状态就是玩时好好玩，做事时认真做事，当你一心想着玩，又同时在做事时，人的幸福指数会特别低，而且常常因为纠结而产生挫败感。

生活里的很多选择，都无关对错和轻重，而且很多日常的决定也没有标准答案。

你如果在乎钱，那就不要总是羡慕那些吃喝玩乐的人，如果你爱自由不羁的人生，就不要总是给自己设限。

总之，大部分人的纠结都来源于想要得到的太多，又把一切看得太重。

其实纠结的人生真的不值一过，何必要把大好时光浪费在一些毫无意义的事上呢？这里的纠结不是深思熟虑，不是谋定而动，而是一种优柔寡断，甚至是欲念太多的坏情绪。

人生中的很多选择都不能做到真正周全，很多人一遇到选择就会特别纠结，于他们而言，选择永远大于努力。其实这个世界并不是非黑即白，每种选择都有每种选择的益处和弊端。

生活里充满了太多的选择，小到早上几点起，中午吃什么，晚上几点睡，明天出门打车还是步行，大到几岁结婚，多久生小孩，要不要换工作，是否买车购房等，都需要我们果断做选择。

有些选择刚开始看起来是错的，但到后来有可能就是对的。有些选择刚开始似乎是对的，但最后结果却可能是错的。每个人都不可能在每件事的抉择中做到百分百的正确。

有人曾说，只要自己喜欢，就不要去问别人好不好，喜欢胜过所有道理，原则抵不过我乐意。

毕竟人生就是一种经历，在一定界限和边缘内，你做的任何一个选择都会给你带来不同的体验和感悟。对了是成功，错了就当是尝试。

请记住比做错选择更严重的行为就是不断纠结。因为每个人的时间有限，与其纠结，不如真真实实地活在当下，去体味属于你的百态人生。

PART D
活在当下筹未来

不畏将来，不念过去，活在当下，认真过好每一天。快乐而努力地生活吧，因为美好的将来，是由每一个闪光的当下织成的。

那些吃过的苦受过的难，终将成就更好的你

有一次，我等表姐一起吃午饭，我们碰面时已经过了中午1点，她气喘吁吁地走到我面前说："对不起，刚跟领导在一起跑业务，不好溜。"

她身上的衬衫已经被汗水打湿了一半，还有那曾经嫩白的皮肤被晒出了大块红斑，我看着挺心疼的。

要知道表姐在这份工作以前，有份干了8年的高薪又稳定的工作，不幸的是，公司倒闭，她重新找工作，几乎从零开始做起。一个30多岁的女人，跟一群刚从学校毕业的大学生一起竞争一个薪资并不算高的普通岗位。

我问表姐："工作委屈吗？"

表姐无奈地回道："中午天气太热，我忙着给客户送资料，差点儿热晕在马路上。每天穿着一身工作服像极了卖保险的推销员，即便我的产品再好，我拥有再强的沟通能力，但到客户那儿就一句话：我们不需要，你快走，你再不走我就报警了……那种心理落差感和挫败感不言而喻。"

正当表姐说到心酸处，我们听到旁边一个阿姨在电话里大声说道："每天累成了狗，一个月工资才只有3000元，但还要养娃还贷也不敢辞啊。"

我跟表姐听了以后，相视而笑，原来没有谁的工作是容易的。

你有没有觉得自己的工作是全天下最委屈的，你的老板总是最吝啬、最霸道、最抠的，你的同事总是最钩心斗角、笑里藏刀、心机深重的，你的工作量总是最大的，工作时间总是最长的，工资是最低的？如果你这么想就对了，因为有这样想法的人，全世界不止你一个。

晚上10点刚过，朋友小敏给我打来电话，我问她在哪儿，她哼了一声，然后带着满身的怨气说道："还能在哪儿呢，当然是在回家的路上。"

这两年，每次我跟小敏联系，无论多早或多晚，她不是在上班的公交车上，就是在刚下班的地铁里。我安慰她道："工作是这样的，等你把手里的事情理顺了，公司走上了正轨，就可以轻松一些了……"

我话还没说完，小敏就立马反驳道："轻松？这两个字我反正永远不要想了。你不知道我们老板经常利用周末时间给我们上培训课，开各种会议，美其名曰提高我们的知识技能，实则是变相加班。这就不说了吧，加班没加班费，但上班迟到5分钟，就要扣全勤奖，你说这样的工作还有没有意思？"

我知道小敏心里委屈，可谁又不委屈呢，谁又真正在工作中一直如鱼得水呢？

也许你羡慕那些有双休又稳定的工作，但你并不知道这样撑不死

也饿不死的工资，会让人有多绝望。

也许你羡慕那些有高薪还有高挑战的工作，但你并不知道陪客户应酬喝酒、周旋博弈时需要吞咽多少身不由己和委曲求全。

每份工作都有每份工作的苦和累，每份工作都需要承担相应的责任和压力。当你没有能力说走就走，没有能力让自己在跳槽这件事上越跳越好时，你要清楚，你所谓的辛苦，其实是太正常不过的事。

每个人身上都肩负着责任和担当，有难处，有心烦，也有疲惫的时刻。谁没有在职场上被骂过，被算计过，被邀功过，但谁又不是迎着风，追着浪，一步一步走出逆境的？当你在工作中遇到困难和委屈时，告诉自己咬牙撑过去。

前段时间，我在工作上有些灰心丧气，甚至有辞职的念头。因为领导不仅在我的部门减少了一个人，还额外加重了我的工作——我的部门，原本只有两个人。我当时在想，这么繁重的工作，就靠我一个人，这是在开国际玩笑吗？

那几周，我每晚加班到深夜，电话响个不停，工作做个不停，领导的要求提个不停，整个人就被工作吃得死死的，不能动弹。

我一个人在安静的办公室里忙得不可开交，我问自己这么拼究竟为了什么，难道就非这份工作不可，难道就要默默去接受本来就不公平的事？

一天中午，因为太热我就点了外卖，外卖小哥迟了整整半个小时才到，他央求我说："美女，我真的不是故意拖延，我这电瓶车快没电了跑不动啊，请您谅解。"我看着他如此渴求的眼神，说："你放心吧，我不会为难你的。"

他走的时候，看了看周围，然后对我说："如果我读书时专心一点儿就好了，像你们这样不用风吹日晒，在空调房里坐着就可以挣钱，那该多好啊。"

这立马刺激到了我因为加班的敏感神经，我说："大哥，你不知道脑力劳动也不轻松啊，你不知道我有多累。"

外卖小哥笑了笑说道："我在35摄氏度以上的太阳底下来回奔波，爬上17楼的楼梯，只为争分夺秒挣那一个好评而换取1块钱薪酬，你试试？"

听他那么一说，我抬头望了望窗外的炎炎烈日，连下楼吃饭都怕热的我，难道真的以为送外卖就轻松吗？

其实任何一份工作都不容易啊，你以为体力劳动难，但你不知道脑力劳动者的精神压力有时并不比腰酸背痛更让人轻松；你以为脑力工作难，但你并没试过在寒冬酷暑时依旧用身体卖命工作的感觉。

也许我们每个人做的工作内容不一样，辛苦程度不一样，面对的压力和困难不一样，但每个人在职场上都是不容易的。

每个人活在世上都要承担属于你的那份苦和难，没有谁比谁更容易或者更艰难。

你始终要一个人穿过漆黑的夜，走过坎坷的路，渡过湍急的河，能够承受住生活中所有的苦痛，才能在职场和生活中，活得更轻松一点。

正如尼采曾经说过，那些没有消灭你的东西，会使你变得更强壮。

当你在工作中想要放弃，或者感到很难时，告诉自己，没有一份工作是容易的，与其在工作中抱怨，不如在工作中奋进。

工作本身也是一种修行，它不会因为你换了一份职业，换了一个环境，换了一些同事，就不辛苦，不困难，不委屈，相反当你懂得在工作中提升自己的抗压能力，提高自己的专业技能，培养积极乐观的心态，等到自己在职场上羽翼渐丰，拥有足够多的底气和实力时，那些吃过的苦受过的难，终将成就更好的你。

你未来的样子，藏在你当下的努力里

你有没有想象过自己未来的样子，有没有期待自己会成为一个很棒的人？

你满心希望未来早点来。后来，有人真的实现了当初的目标，活成了自己喜欢的样子，而有的人依旧在碌碌无为地混日子。

我们曾以为未来藏在时间里，其实未来藏在你当下的努力里。

2017年年底，我终于实现了出书的梦想。之前，我还觉得这是一件遥不可及的事。如今，当我的文章真的印成铅字呈现在我面前，激动的心情久久不能平复。

从小到大，我都有一个文学梦。我每天幻想着要是等到30岁的时候能够出一本书，就是极好的。为了实现这个梦想，我开始每天利用零碎时间，读书、写作。

在坚持了1年左右时，我的文字陆续以豆腐块的面积，出现在杂志报纸上，后来居然有好几家出版社找我出书。于是，我在看似全凭运气，实则费劲努力的过程中，提前实现了自己的梦想。

曾经的我以为，自己梦想成真，是年纪到了。这就跟我们曾相信三十就能立、四十就能不惑是一样的道理。但如今的我才慢慢领悟到，其实不是我到了那个年纪就自然而然拥有了想要的一切，而是因为我在每一个当下都踏踏实实地努力，才让梦想能够生根发芽，结出饱满的果实。

或许，我们都曾给自己立过类似这样的军令状：我一定要在3个月内瘦下来，我一定要在半年内通过考试，我一定要在今年换个心仪的工作……

可是，3个月后，你体重依旧；半年后，你的驾照还是没考过；年底了，你还是待在原来的单位。

你曾以为失败的原因是给自己规定的时间太短，你还没完全准备好。其实，每一个当下不努力的你，未来也得不到应有的回报和犒赏。

我有个朋友，曾信誓旦旦地告诉我，她要利用一年的时间好好努力，争取提高业绩，升职加薪。可是她一上班，不是刷微博就是聊微信，或者照照镜子、浇浇花。一想起自己的梦想，她总是自我安慰还有一大把时间。结果，到年底，她的业绩依旧是全公司最差的。

而我还有个同事，她立志要成为Excel表格的高手。于是，她每天都利用下班前的10分钟学习一个公式，久而久之，她真的熟能生巧，成了公司最牛的"表姐"。

她们都曾给自己一年的时间，实现自己的小愿望。可是真到了收获的季节，有的人满载而归，有的人空手而回。

之所以会有这样的差别，不过是有人总把希望寄托在渺茫的明天，而另一些人却把努力付诸在每一个勤勤恳恳的当下。

我有个朋友，通过了高级会计师的考试，很多人都很羡慕她。毕竟拥有这样的资历，无论到哪家公司都是抢手的"香饽饽"。

很多人得知消息后，都觉得自己也要像她一样，熬5年，然后通过所有科目。可是，很多人的梦想真的只是想想而已，他们只是憧憬着考过后该有多么快乐和兴奋，却丝毫没有在每一天好好去努力。

但也有一些人，一旦确定了目标，就把焦点放在如何过好每一天，走好每一步，渡过每一个难关上，然后日复一日地不断往前走，最终收获了属于自己的美好未来。

是的，我们总是喜欢寄希望于未来，于明天，甚至于下一次，可是我们常常忘了，**所有美好的未来，都是由今天可见的努力拼接而成的，活在当下，以当下的努力拼接你璀璨的未来。**

生活一直都很公平，如果今天的你是懒散的、拖延的、懈怠的，那么你的未来就可能是黑暗的、艰难的、没有光亮的。只有你积极努力地过好了每一个现在，你的未来才可能是五彩缤纷的。

很多人都很害怕未来的自己依旧是老样子，期望自己能有所改变。

我曾以为，每个人的未来，都是上天注定的。而事实上，你人生的后半段究竟活成了什么样子，最重要的决定因素依旧是你自己。你可以是自己的贵人，也可以是自己的累赘，就看你究竟努不努力。

有的人随着时间的推移，成为单位的中流砥柱，家里的顶梁柱，生活中的赢家。而有的人，依然凑合地混着日子。

一位我很喜欢的作家曾说过这样一句话，我们一步一步走下去，踏踏实实地走，永不抗拒生命交给我们的重负，才是一个勇者。

我想，很多人都曾有过这样的时刻——我们总是担心，自己的未来是一路坦途，还是荆棘满地；我们总是焦虑，自己的前途是顺遂，还是不如意；我们总是纠结，自己的后半生是稳定安逸，还是辛苦流浪。

其实，这一切的答案都藏在你现在的状态里，就看你自己如何选择。

聪明的女人不抱怨

我有个同事W，每次我都刻意回避她，凡有接触的机会，比如吃午饭、开会，哪怕上厕所，我都会故意跟她错开走。

为什么呢？因为只要跟她在一起，哪怕待一秒钟，她也会喋喋不休地抱怨。

比如，她会抱怨工作多，任务重，薪水低。

比如，她会抱怨领导脾气差，同事性格怪，客户难伺候。

又比如，她总说："我真是瞎了眼，我前家公司的晋升空间、福利待遇、发展前景比这家公司强百倍。"

刚开始听她这么说，我还能勉强听一下，安慰几句，毕竟偶尔发泄情绪也是人之常情。可是听她抱怨的时间久了以后，我就感到很烦躁，因为没有人的工作是容易的啊。

而我身边另一个同事Z，她刚到公司时，总是干最辛苦、最劳累、最烦琐的工作，比如，打印资料、装凭证，甚至擦桌子、拖地、倒水。每天除了完成本职工作外，她还要熬夜加班做许多杂活儿。

当时很多人都替她打抱不平，还有人怂恿她跟经理抗议。而她却

从无怨言，一边干好本职工作，一边默默积攒实力。

Z曾说，工作是战场，不是菜市场，不可以讨价还价。干得好就干，干不好就拉倒。

如今Z才入职不到3年，就已经成了公司的中层管理者，而W虽然是有8年工龄的老员工，却面临着被辞退的风险。

不知道你身边有没有这样的同事，他们一边抱怨工作的各种不好，一边又离不开这份职业。他们只有说走就走的脾气，却没有说走就走的底气。

有人曾说："如果你不满意自己当下的工作，要么忍，要么滚。"我深表赞同，此话虽糙，但理不糙。

在职场上，经常得到领导垂青、好运加持的人，通常都不太爱抱怨。因为他们懂得，与其抱怨，不如改变，如果无法改变，就坦然接受。

最近王姐终于搬进了新房，正巧她有空，便约了我吃饭。

其实王姐是我见过最聪明的女人，因为她既有让自己过上好日子的实力，也有把坏日子过好的能力。

记得几年前，她还住在空间狭小、又脏又臭的出租房内。而那个小区里住的几乎全是一些素质很差的人。

比如她对门的邻居，每次总把垃圾扔在门外，好几天都不拿去扔。尤其在夏天，那味道简直让人无法忍受。

比如她楼上的邻居，总在深更半夜吵架，把桌子椅子摔得叮当响。王姐的睡眠质量也不好，经常被吵醒。

比如她楼下的邻居，只要自家厕所被堵，总是找王姐闹，怪她乱

扔垃圾，还要找她赔偿疏通下水道的钱。

王姐给小区的业主委员会反映过这些不合理的情况，也好言好语地跟邻居们做过沟通协调，可是邻居们根本油盐不进。

后来，王姐换了一种思维方式去对待这些事。

楼道味道大，她就捏着鼻子走。楼上声响大，她就带个防噪声耳罩睡觉。楼下邻居无理取闹，她就当作轻风拂过，不放在心上。

在小区里住的那些年，她再也不跟左邻右舍吵架拌嘴，也不跟任何人诉苦。

她只是奋力地工作，拼命地挣钱，最后经过自己的奋斗，终于脱离了那个脏乱差的环境。

记得亦舒曾说，要生活得漂亮，需要付出极大的忍耐，一不抱怨，二不解释，绝对是个人才。

在生活里，很多女人总是喜欢抱怨。可是抱怨得越多，心情也会越糟糕，事情变得越坏，日子就会越来越难过。而聪明的女人却懂得，把抱怨的时间和精力拿来努力改变现状。她们的心态越来越积极，情绪越来越稳定，日子也越过越顺畅。

有一天我回家，听说隔壁的一对小夫妻吵着要离婚。原因仅仅是因为两口子吃饭时，妻子抱怨丈夫跷二郎腿。

其实，我认为这只是一根导火索而已，真正导致两人不合的重要原因，还是妻子那冥顽不化的抱怨性格。

往大讲，她经常抱怨丈夫家庭条件不够好，工作不够稳定，钱挣得不够多；往小讲，她嫌丈夫牙膏挤多了两厘米，袜子穿得不周正，烟灰弹得四处飞。

她丈夫多次表示，跟这样一个女人在一起，活得真的好累。其实平心而论，她丈夫工作卖力，为人实诚，对她也很好。

可是被她这么长年累月抱怨，她丈夫反而对她越来越反感，两个人的感情也越来越淡。

而这个妻子有个亲妹妹，嫁给了一个比她丈夫还"差劲"的妹夫，可是人家两口子的日子过得很甜蜜。

她妹夫是个建筑工地的包工头，有活儿干时，还能养家糊口，没活儿时只得在家停工大半年。

可是她妹妹从不埋怨丈夫是个窝囊废，而是宽慰他，钱多钱少都能过好日子，不要有太大的心理压力。

她妹夫平时习惯不好，也很懒，进屋不换鞋，吃饭不洗碗，熬夜晚睡觉，可是她妹妹总是会点到为止，从不过分唠叨。

正因为她妹夫有了她妹妹这样一位温柔贤淑、善解人意，还不爱抱怨的妻子，他也努力改正缺点，对妻子百般疼爱。

张爱玲曾说，有的人老是抱怨找不到好人，一两次不要紧，多了就有问题了。

首先，你要检讨一下你自己本身有没有问题，如果没有，那就要审视一下自己的眼光了，为什么每次坏人都让你碰到？

在感情里，很多女人过得不好，也许并不全是男人的过错，她们太爱抱怨的毛病，总是把幸福推得越来越远。

而有的女人在婚姻里如鱼得水，也并不是因为她们找到了十全十美的男人，而是懂得包容、理解、尊重自己的另一半。

大多数女人总是把抱怨当口头禅，原本她们过得没那么差，可是

抱怨久了，人生真的就会走下坡路。

只有少数女人懂得抱怨毫无意义，她们即便身处泥沼，也能因为积极乐观的心态，让人生逐渐走向上坡路。

记得三毛曾说，偶尔抱怨一次人生可能是某种情感的宣泄，也无不可。但习惯性的抱怨而不谋求改变，便是不聪明的人了。

通常一个聪明的女人懂得：在工作上，应该少抱怨，除非你有过硬的本事，你的抱怨才能真正让你得到升职加薪的好机会；在生活中，应该少抱怨，当你总是满脸不悦，满口脏言，满身戾气时，只会吸引来更坏的人和事；在感情里，也应该少抱怨，因为任何人都做不到完美，你在得到一个人优点的同时，也得接受他的缺点。

很多女性都特别爱抱怨，她们总以为抱怨几句没什么，抱怨几句心里舒坦，抱怨几句无伤大碍。可是殊不知，抱怨就犹如毒品，一旦沾染，很难脱身。

生活其实是一面镜子，当你对它龇牙咧嘴不满意时，它也会对你眉头紧锁不乐意。反之，当你微笑着面对一切时，它就会还你一个大大的笑脸。

不抱怨的女人，才是真正的人生赢家。

心宽的人，运气不会太差

前些日子，我姨妈买了新房，需要装修。我一直为她担心，如今的装修费真是个无底洞，有时连质量也不能保证。

可我姨妈只说了自己想要的装修风格，就直接把新房钥匙交给了搞装修的李师傅。其他诸如买材料、做防水、主体拆改等工程，都由李师傅全权把关，姨妈只管最后验收，再付费。

我反复提醒姨妈，这样做太草率了。于是，姨妈跟我讲起了一件事。

那年，8岁的表哥骑着自行车回家，在路上不小心被李师傅撞倒。表哥看起来没有大碍，但也不确定有没有伤到其他重要部位。周围群众将李师傅围住，生怕他逃跑。我姨妈赶到后，马上把表哥送往医院做检查，让李师傅留下了身份证和200块钱。

当时，李师傅还在想，如果我姨妈是赖子，他可就惨了。

几天后，正当李师傅在家坐立不安、茶饭不思时，姨妈让他去趟医院。姨妈说："医生做了全面检查，也出了报告，说孩子没事儿，

检查费是129元，剩下的71元全部退给你，还有你的身份证。"

李师傅被感动了，从那年开始，他每年过年都带着妻儿，提着香肠腊肉，去姨妈家做客，这一来一往就是20年。

姨妈的房子装修好了，不仅美观大气，而且整体费用还比市场上便宜了整整7万元。

亲戚们听说后，都羡慕姨妈的好运气。其实我知道，这不过是姨妈这么多年来的大度、明理，让她总能遇到许多好人好事。

刘姐是我曾经的同事，后来辞职去了一家招聘公司。她的业绩一直很不错，短短几年时间就连升了几级。当我向她请教时，她除了讲一些常规的经验外，还特别叮嘱我，做人一定要厚道。

刘姐刚到这家公司时，被同部门的一个女同事A排挤和刁难。那时，但凡工作上出了错，A就会把全部责任推给刘姐。可刘姐却没记恨她，而是想着以后一定要再仔细一点儿。

后来，刘姐被选拔成了她们部门的负责人。A本以为自己肯定会被穿小鞋，没想到刘姐不仅对她没有丝毫恶意，还一直帮她处理一些棘手的事。

其实，A的工作能力非常强，经验也很丰富，只是有时候说话做事有些刻薄，所以才一直不受领导重视。经过这件事，她为刘姐的度量深深折服，从此全心全意地配合刘姐工作，为团队争取了很多销售荣誉。

有一次，刘姐不小心把最大客户的广告位错放在了最小的版面上，如果不是A及时提醒，就会酿成大错，让公司损失惨重。

我们常说，**做人要留有余地，待人不必太苛责。想要别人在关键时刻帮你，莫过于平日里，我们都要把心放宽一点，格局放大一点，眼光放长远一点。只有你真诚地对待别人，才能收获同样的善意。**

我家小区有个王姐，很多人都羡慕她工作好，家庭幸福美满，却不清楚王姐曾经经历过什么。

王姐小时候，父母感情不和，总是吵架。她读高中时，母亲得癌症去世了。后来，父亲又找了一个伴儿。本来还担心会因此跟女儿闹僵，没想到王姐对父亲的选择非常理解。

逢年过节，她都买礼物去看望二老，还经常带着继母去买衣服、逛街，把继母当自己亲生母亲对待。

后来，王姐结了婚生了孩子，在为请谁带孩子的事焦头烂额时，继母主动提出要帮王姐照看孩子。这么多年过去，孩子健健康康，有良好的生活习惯，待人也有礼貌，这里面有一大半功劳都是王姐继母的。

王姐说，人心都是肉长的，有时候，我们看似在宽容别人，其实也是在放过自己。当你把心打开，接纳已经错过的美好，珍惜可以拥有的一切，你的生活自然也会变得简单、轻松、快乐。

如今，有些人之所以活得累，不过是因为太计较得失和成败。在生活中吃了一点儿亏、受了一点儿委屈，若不跟人针锋相对、一决高下，似乎就被视为懦弱的表现。

其实，哪有那么多不可原谅的错误，我们与他人的许多隔阂、误

会、怨怼，无非是一些鸡毛蒜皮、无足轻重的小事。

"量大好做事，树大好遮阴"，无论对亲人朋友，还是对陌生人，都多一份理解宽容，少一些咄咄逼人，多一份观心自省，少一些挑剔苛责吧。心宽的人，无论走到哪儿，运气总不会差。

不要在深夜想念任何人

　　不知道你有没有这样的感受，无论你心里有多少感伤的情绪，白天的你就像一个若无其事的正常人，你认真工作，你努力学习，你说笑话聊八卦。

　　可是每当夜幕降临，你一个人的时候，突然听到一句歌词，看到一句话，就会不自觉地联想到一个人。

　　这个人也许是你的至亲，也许是你的恋人，又或者是你的朋友，总之，他们曾在你的记忆里留下了很多美好的回忆，你总在夜深人静时，忍不住想起他们。

　　我曾经在晚上听过一档电台节目，一个听众在节目里哭得稀里哗啦，她说刚刚听到了邓丽君的老歌，突然想起去世的妈妈，那是妈妈最爱听的歌。

　　然后她讲述了一些跟妈妈有关的故事。那时候她家里很穷，妈妈总是省吃俭用供她读书。等到后来她好不容易学有所成，准备让妈妈享清福时，妈妈居然查出了癌症，不久后就离开了人世。

　　她说她好孤独，好愧疚，好遗憾，一个人在城市里打拼，虽然表

面装得很坚强，可是一到晚上就会想起妈妈的音容笑貌，想起自己已经是个没了妈的孩子。她极度悲伤，甚至哽咽到说不出话来。

电台里的主持人，安抚了她的情绪，然后很自然地把话题转移了，最后还送了她一句话：不要在深夜想念任何人，因为人的回忆是经不起推敲和细想的。

是啊，谁的心里没有那么一两个人呢，那些离开的、走失的，甚至再也见不了的人，也许是我们心里永远的伤疤。一到晚上，伤口就被轻轻撕开，你再也忍不住流下泪来。

即   是往后的，但生活是往前的，如果你一直停留在过去的   物中，你就很难从阴影里走出来，也很难真正开启新的人生旅程。

年轻的时候，我们想念一个人，会想方设法联系到那个人，甚至不顾一切去找那个人，又或者向周围的亲朋好友诉说我们的痛苦与想念，我们那想见又见不着的心酸。

可是随着年龄增长，你就会发现，身边能够说得上话的人真是太少了，甚至你自己都不愿表达心中这个掩埋已久的结。

因为随着阅历和经历的增长，你慢慢会懂得，有些人的离开，一转身就是一辈子；有些人如果他不想见你，即便你再努力，你也见不着他；还有些人，即便你们彼此想念，即便近在眼前，可是你不能，不可以，不便见。

于是，后来的后来，这份难以与人说的想念，就只得埋在自己心中，只有一个人安静的时候，尤其在寂静的夜晚，偷偷溜出来，让你舍不得，放不下，胸口隐隐作痛。

朋友大妮，当初因为家人的强烈反对，最终选择了跟前男友分手。那时候的他们太年轻，以为分开了就会随着时间的推移而渐渐忘记对方。

好几年过去了，大妮心里一直爱着前男友，她很想挽回，可是当她醒悟的时候，前男友已经传来婚讯。

她懊悔自己当初为什么不够坚定，也羡慕如今在他身边的新娘，更会不由自主地想起曾经两个人在一起时的点滴。

可是牛郎已去，心已远。如今她对他的想念，注定是场单相思，而且对方已经是已婚人士，两个人注定彻底没了缘分。

后来大妮还是会在深夜想起前男友，可是每次她都克制自己，便失眠了，也会看看电影，翻翻书，抑或一个人发发呆。她尽量分散自己的注意力，希望可以彻底把这个人驱逐出她的生活。

很多时候，我们的想念，都是对不可能的人。既然已经不可能，又何必继续纠缠下去。有些人注定只是在你的生命里走一趟，既然留不住，就让它如来时那般，去留随意，而你也将不再惦记。

曾经我们以为，只要当下的感情足够真挚，彼此真心以待，相互尊重和包容，就可以天长地久。可是后来的我们才发现，这个世界没有人可以陪你一辈子，即便是最亲的人，也会与你分道扬镳。

那些与你半路相识的朋友，也许你们志趣相投，你们无话不谈，你们相见恨晚，可是后来你们因为各种原因，不得不分开，你舍不得，你离不开，但是曲终人散，他们终究只能陪你走一程。

表妹曾经有个闺密，两个人就跟双胞胎一样，不仅长得很像，两个人的想法也几乎一致。她们是彼此最好的朋友。

可是后来，闺密跟着家人移居到北方，两个人从此失去面对面聊天的机会，慢慢感情也变淡了，虽然依旧可以打电话、发短信，甚至视频聊天，可是有些话、有些心情、有些秘密，还是需要当面才能说出口。

慢慢地，两个人的生活圈子越来越不一样，对彼此的了解也越来越少，到最后，彻底断了联络。

表妹说："我经常会在有星星的夜晚想起她。因为她曾告诉我，自己最喜欢星星。"可是想念归想念，有些感情，在最好的时候，你不能质疑它的纯度；在消失时，你也不能怀疑它的真实性。

其实每个人的一生都会遇到几个知己好友，也许每个人只能陪你走过一小段时光，有的是读书时的伙伴，有的是工作时的合伙人，有的是结婚生子后的密友。可是无论是谁，既然彼此已经没有了共同的焦点，不如记住那些美好的时光，过好当下的日子，这也是对过去最好的祭奠。

深夜是每个人心灵最脆弱的时候。在白天，也许你会因为忙碌而自动忘记许多不愉快，可是等到了晚上，很多人都容易产生沮丧的心情，你会感到孤单、无助，甚至颓废，也很容易想起那些不开心的事和令你留恋的人。

但是你有没有发现，如果你不刻意回想，好好蒙着头睡一觉，早上起床，你依旧会随着朝阳一起满血复活，你会告诉自己，今天又是新的一天，要过好当下的每时每刻。

如果你一直沉浸在疯狂的想念中，不仅休息不好，情绪也容易波动，继而会影响你第二天的心情和状态，长此以往，你整个人会变得消极怠慢，甚至质疑活着的意义。

其实每个人的心中都有留不住的人，既然注定是分离，又何必再苦苦追寻。

也许你可以在一个明媚的春天，在一个树影斑驳的午后，对脑子里一闪而过的人相逢一笑，可是千万不要再在夜晚，轻易去想念，毕竟拿起容易，放下就很难了。

那些过去的，就让它过去，你最终会明白，那些曾经以为再也离不开的人，最后还是离得开；那些曾经舍不得的人，最终你也要逼自己舍下；那些深深的遗憾，我们不去碰它，就是最好的止损方式。

所以不要再在深夜想念任何人，我们唯一可以做的就是，过好当下，眺望未来，用最大的努力，去寻找、等待、珍惜那个真正陪你到最后的人。

你为什么突然不发朋友圈了

朋友安安有一年过年去了泰国，但连续几天都不见她发朋友圈。我还纳闷了，难道是手机没网吗？

一天晚上，她私信我，发了好多美照，有香火鼎盛的四面佛，葡式建筑的吉普镇，还欣赏了黄昏落日时的卡塔海滩，我看着都心醉，于是问她，为什么不把这些照片上传朋友圈？

要知道，早前安安可是一个微信控，一天不发3条以上朋友圈是绝不可能的，而且她的心思非常细腻，路边一朵花、天边一片云、河边一株草，都能引起她的注意，被她拍得美美的放在朋友圈。

安安说："我也很想发啊，可是我现在害怕发了。不是有人说吗：优秀的人不发朋友圈，因为没什么值得炫耀的；相爱的人不发朋友圈，因为最爱的人就在身边；太忙的人不发朋友圈，因为没时间取悦别人。"

其实安安之所以喜欢发朋友圈，依照我平时对她的了解，绝对只是想要发朋友圈记录生活而已，但没想到却被贴了这么多的标签。

安安说："刚开始，我也抱着满不在乎的态度，随着自己的性子想发就发，可我朋友圈里有很多我的领导、同事、合作伙伴等工作上有密切往来的人，有时候不得不收敛一下。"

我于是又问："那你可以设置分组可见啊。"

她回道："当初玩微信的时候就是想要沟通更便捷，如今发个朋友圈还像是偷鸡摸狗的事，干脆我就不发了，懒得去设置。"

其实安安说的也不无道理，如今我们的沟通效率较以前真是高了很多，却再也不像从前那样畅所欲言，有时候甚至陷入不敢说、不敢写的境界，好不容易编辑的文字和图片，想了又想，还是没有发送出去。

所以到了最后都不知道自己该说什么，干脆就不发朋友圈了。

小路是我朋友里几乎从来不发朋友圈的人，但在平常的生活里，小路其实是一个非常有生活情趣的人。

她会做手工活儿，做出的小泥人和布娃娃简直跟超市里卖的不分伯仲。她经常会在淘宝上买很多布料，为自家的小侄儿小侄女做鞋子、擦手帕和小围兜，而且上面还有小狗、猫咪、熊猫等各式各样的动物图案，全是她自己画上去的。

有时候，你不得不感慨，像小路这样的人非常适合这样一句话："长得好看的人有很多，但有趣的灵魂太少。"

有一次我问她："为什么不发到朋友圈与大家分享啊？"

小路说："我曾经也发过，可是根本没有达到分享的效果，甚至会令我非常沮丧。

比如，我花了几天时间终于缝制出了一件小棉袄，当时成就感爆棚，于是立马拍了一张照片发朋友圈。有个朋友点了赞，评论却是：

你新买的羽绒服真好看。原来这个朋友根本就没点开大图认真看一看。还有人居然说我智商太低，做这些玩意儿。更多的人即便点赞，也是盲目地礼貌性地应付。

还有一次，我终于学会了Word软件的一项新技能，也是兴高采烈地发了朋友圈，想让大家也可以不费吹灰之力就学到这个新用法，没想到有人批评我，说我太高调了，比我聪明的人多了去了。"

小路还说："我的微信里有很多好友，我缺的不是朋友圈，而是朋友。唯有真朋友才知道我爱做手工艺只是出于兴趣爱好，而不是智商低；我爱研究各种电脑软件，只是因为觉得很有趣，而不是为了显摆。懂我的人真是太少了。"

如果在你的朋友圈没有这么一两个真正理解你的，理解你发的朋友圈的真正意义是什么的人，那还不如不发，因为发再多，不懂你的人依旧不懂，甚至有时候还给你添堵。

我的一个朋友宛如曾经说过，以前发朋友圈是因为喜欢的人，现在不发朋友圈了，也是因为喜欢的人。

宛如曾经很喜欢一个男孩，好不容易旁敲侧击地跟自己的男神加了微信好友，在翻看了男神的朋友圈后，宛如知道了那个男孩特别喜欢运动，看到了他分享过一次晨跑的经历，她便开始坚持晨起跑步，只为博得他的好感。

她每天把跑了5千米以后大汗淋漓的照片和跑步路线发在朋友圈，其实非常想得到男神的肯定。

可她朋友圈所有人都点赞了，就只有男神无动于衷，始终一个赞也没有。

后来她又得知男神喜欢攀岩，于是不顾烈日炎炎，甚至是柔弱的身体，特地报了个培训班，一到周末就去学攀岩。

有一次在攀爬的过程中，她把胳膊磨出了血，她发到朋友圈，本意是想得到男神的安慰，谁知道他好不容易评论了一次，但话却是这样的："不会爬就不要逞强，你一个女孩子家不要这么好强。"

宛如看了以后，心凉了半截，更可气的是，没过多久，她就看到他在给另外一个只是发了一张自拍照的女生点赞评论，而且由于是共同的好友，他们之间相互打情骂俏、不乏暧昧的几十条互评简直辣死了宛如的眼睛。

那次以后，宛如的心凉透了。

她最后说："我当初发朋友圈是为了引起他的注意，如今不发了，是因为攒够了失望，再也没必要发了。"

这感觉就如电影《春娇与志明》里，余春娇说："我喜欢一个男生，他抽烟，我想跟他有共同话题，所以我也抽烟喽！后来有一天他跟我说，我要戒烟了，我问为什么，他说他喜欢的女孩不喜欢他抽烟。他的烟戒掉了，可是我没有。"

其实发不发朋友圈，如何发，发什么，各人都有选择的权力和自由。但若一个人突然从爱发到不喜欢发朋友圈，一定是有他的原因的。其中不乏3点常见原因：

· 舆论压力

有人曾说，如今的朋友圈越来越大，也越来越碍手碍脚了。虽然有分组可见和不可见的功能，但发朋友圈就是要即刻的分享，有时候等你纠

结该给谁或者不给谁看时，那份发朋友圈的好心情也就突然没有了。

而且即便你发一条朋友圈，也会被理解出很多层意思。层次高的会觉得你发的朋友圈档次太low，层级低的又觉得你太装，总之发什么都会或多或少引起别人曲意的揣测和攻击，还不如不发。

·无人理解

有时候你发生气的状态，其实不需要别人手动发一个"拥抱"，而只是想有个人陪你散散步，聊聊心事。

有时候你发难过的状态，不是要让别人无限地安慰你，只是需要一个人为你递纸巾。

有时候你发岁月静好的鸡汤文，其实不是矫情，只是没人知道你心底有事。

其实在朋友圈里，没人能真正了解你，没人会在意你今天去了哪里，做了什么，吃了什么，你自己有无数层意思的说说，别人一看就以为是简单的牢骚话。所以你只好不发朋友圈，假装不让别人了解你，毕竟什么都不发，自然也就无懈可击。

·他不在乎

也许有很多人发朋友圈都是为了心中喜欢的人，但若你在朋友圈发的任何动态，他都没有回应，而且无论在网络上还是生活里根本不怎么理睬你，那你还是放弃吧。不爱你的人，无论如何也不爱你。

其实，那些突然不爱发朋友圈的人，无论有多少难言之隐，最根本的无非是，你有酒有肉有故事，却没有一个真正懂你，愿意跟你分享的意中人。

照顾好自己，是最高级的自律

前几天，我去参加同学聚会，唯独没见洋洋。我好奇地问了问，她怎么没来。其他人告诉我，洋洋得了胆结石，在医院做手术，估计要一周后才能出院。

后来，我们几个同学约了去医院看她。她母亲在一旁说，她就是不好好吃饭，才弄成现在这样。

她早上睡懒觉，起床后就慌慌张张踩着点儿去上班，根本顾不上吃早饭。中午呢，又经常忙工作，非要到饿得不行了才随便吃点儿泡面、酸辣粉，或者炒饭充饥。晚上也很少回家吃饭，不是跟朋友们去吃火锅、串串，就是麻辣烫，既没营养，又特别伤胃。

洋洋听了还狡辩说："这病跟吃饭有什么直接联系？"正好此时，她的主治医生来了，笑了笑说道："饮食不规律，是诱发胆结石的主要原因。"

医生走时还跟我们说："你们现在的年轻人啊，很多人都没养成良好的饮食习惯，经常饥一顿饱一顿，吃饭就像是在勉强自己完成别人安排的任务一样。等到你们上了一点年纪，身体出了毛病，住进了

医院，才会明白，没什么事比健康更重要了。"

想起这样一句话，人如果吃不好，就不能好好思考、好好爱、好好休息。

以前我熬通宵，早上起来依旧活蹦乱跳，现在多熬几个小时，第二天就灰头土脸，没有精神。

以前不睡觉，第二天多睡一会儿也能补回来，现在如果有一天没休息好，整个星期的生活都是混乱的。

熬夜的危害，通常不易察觉。也许你一直熬夜，都没见有什么明显的不正常状况，于是便掉以轻心。可是等它积累到一定的量，可能就会对身体造成严重的损害。

很多人突然的头痛、抑郁，或者其他不适，看似突如其来的"横祸"，其实都跟平时的生活习惯有着很密切的关系。

所以，千万不要抱有侥幸心理。当你的身体还好时，不要在晚上毫无节制地追剧、刷微博，也不要为了不值得的人和事熬夜生闷气。毕竟等到身体出了故障，你再想去弥补，付出的代价就更大。

有一天我去一家公司办事，看到了以前的经办人员小罗，她把背挺得很直，眼睛平视前方，非常不自然地在打字。我笑她，动作很专业嘛。她有些痛苦地说，没办法啊，颈椎出问题了。

我们聊了几句才知道，原来小罗每天伏案工作10多个小时，再加上不良的坐姿，导致颈椎骨质增生，还伴有椎管狭窄。

医生说，不仅要每天吃中药，还要配合推拿、牵引、针灸，至少得治疗半年以上。如果再不好好保护颈椎，可能情况会发展得更严重。

医生还建议她，平时不要老是低头看手机，应该多花点儿时间去做些运动。筋骨舒展了，也就不那么容易造成劳损了。

如今的小罗，每天坚持早起慢跑，晚上回家还要做平板支撑。在工作间隙，也会在原地适当做一些伸展动作。

这几年，我身边许多年轻的朋友都出现了不同程度的身体不适。无论病况如何，医生们都会建议，每天要抽出时间运动，不能久坐久站久躺。

我们总是说，要对自己好一点，却常常做不到，为了做不完的工作，谈不完的合同，签不完的协议，废寝忘食，甚至把自己累到不能动弹。

我们为了过去的人、错误的事、偶然的不开心，而伤自己的胃，伤自己的心，伤自己的身体。

我们放纵自己去尽情娱乐，把自己的健康当作可以随便怠慢的对象。

其实，即便一个人挣钱再多、名望再高、人脉再广，一旦身体垮了，一切都会随之崩塌。

所以，请不要再以"我很忙""我没空""我抽不出时间"作为不好好吃饭、不好好睡觉、不好好运动的借口和理由了。

没有时间照顾好自己的人，总有一天要花上更大的代价，去品尝自己酿下的苦酒。能照顾好自己，才是最高级的自律。

你的格局，决定你的前途

我曾经有个同事，升职速度很快。很多人都嫉妒地说，她是因为有后台，有人撑腰，所以才平步青云，可我却不认同。

记得有段时间，我的电脑总是出问题，其实修一修就可以再用，但因为内存太小，不是死机，就是蓝屏。

这位同事知道后，居然主动要求跟我换电脑。要知道，当时人人都把自己的电脑保护得很好，生怕别人用，更不要说跟别人换了。但她说，我不常用，所以电脑运行慢一点儿没关系，但是你要经常整理数据，用我的更快，更方便。

不过后来我还是回绝了，觉得她这样说，是真的很大方，但其实她用电脑的时间比我还要多。如果我真换了，就很不厚道。

再后来，她离职了，去了更大的公司，当了更大的领导。可换电脑这件事让我明白一个道理：原来人跟人之间的差距，有时真的不在于智商有多高，情商有多厉害，而是格局有多大。

我遇到过两个实习生，从同一所大学毕业，到我们这里实习。

刚开始，第一个实习生总是没有主动性，老板安排一件事，他就做一件。老板安排他去买笔记本，他就真的只买本子，根本想不到老板是否还缺笔。但第二个实习生，就非常机灵。

平时在工作中，第一个实习生总是说："我只拿了1000元的实习工资，就只做1000元的活儿。"而第二个实习生，总是不怕加班，不怕吃苦，不仅又快又好地把自己的工作做完，还主动帮助别人干活儿。于是，同事们就把很多事儿都大胆放心地让他帮着做。

结果，第二个实习生，很快通过额外的工作，掌握了整个公司运营发展的情况，成为一个能独当一面的全能性人才。在我离职以前，他已经坐上了副经理的宝座。

我的同事们都在说，第二个实习生特别聪明，很多事不用领导安排，他自己眼里、心里，就能装着事儿。

其实我倒认为，不是因为他聪明，而是因为他知道这是在为自己卖力干活。很多人在初入职场时，都会犯一个错误，那就是老板给你多少月薪，你就干多少活儿。多做一点事儿，都觉得是吃亏。

可是真正能成大器的人，会以主人的姿态去帮别人打工，等到他们积攒了经验，有了本事以后，即便不在这家公司升职加薪，也会大有前途。

再跟大家分享一个故事。

3个工人在工地砌墙，有人问他们在干什么？第一个人没好气地说："砌墙，你没看到吗？"第二个人笑笑："我们在盖一幢高楼。"第三个人笑容满面："我们正在建一座新城市。"10年后，第一个人仍在砌墙，第二个人成了工程师，而第三个人，成了前两个人

的老板。

很多人上班，都觉得自己是在为老板打工、卖力、挣钱。可是未来的老板、领导和企业家们，当他们还是一个普通员工时，虽然干的是别人的活儿，解决的是别人的问题，可实际上却在不断地提高自己，为自己打工，为自己卖力，为自己积蓄力量。

最终你会发现，一个人的前途如何，看的是格局。

女人婚后爱打扮有多重要

朋友小林跟我说，他们公司团建，让员工带上家属，可每年同事刘哥都不带老婆来。

每次其他同事问到，他都说老婆正好有事，不是在加班，就是回了娘家。

后来小林无意间听其他女同事说，刘哥是故意不带老婆的。因为老婆不会打扮，长相太土了。

刚开始她还以为刘哥不是一个好男人，居然嫌弃自己的老婆丑。可细想他应该不是这样的人，而且他老婆30岁都不到，不至于丑得见不了人啊。

直到有一次她老婆到公司找他，小林看到眼前的这个女人皮肤暗黄，满脸雀斑，顶着一双像熊猫一样的黑眼圈，枯燥的头发披在双肩，如果不是别人提醒，小林还真以为她是楼下的保洁阿姨。

刘哥因为开会有事，她就坐下来等了一会儿，小林给她端茶的时候，看她那双干燥的双手，几乎都要干裂了，看着都心疼，于是主动拿了自己的护手霜给她抹，谁知她说不用，还说自己结婚以后从不抹

这些东西，太麻烦。

闲聊的时候，她直夸办公室的其他女孩漂亮，她们精致的妆容，得体的套裙，粗细均匀的高跟鞋，真有气质。她说，结婚以前她跟这些小姑娘一样，有很多心思打扮。如今啊，家务事都忙不过来，反正有人要了，索性就不打扮了。但小林仔细观察她五官，其实长得非常标致，稍加修整绝不是现在这个样子。

那次以后小林说，终于明白刘哥为什么团建时不愿意带老婆了。

一个女人美不美，其实无关年龄，无关婚否，无关有无子女，爱美是每个女人的天性。一个女人在婚后放弃的看似是穿衣打扮，其实是在放弃自我，放弃一种求好求美的生活态度。

结了婚的女人其实更应该打扮，你企图让老公接受这个邋里邋遢的你，却毫不顾忌自己的糟糕形象，自己都不重视自己，老公又怎么会重视你。

院子里的一对夫妻和平离婚后，老公找的下一任妻子居然是年纪比前任妻子还大5岁的女人。

前任妻子委屈地说："我们在一起时，他就嫌弃我老，男人嘛，都花心，可如今他居然找一个皱纹比我还多的女人。"

其实她丈夫不是嫌她老，而是嫌她不会打扮。

比如，前任妻子自从结婚以后，即便是上班，也穿着随便，每天抓到哪件衣服就穿哪件，不会花一点儿心思搭配，根本不考虑美观度。

而且结了婚以后的她，再也没有化过妆，她总说没时间，没精力，没必要。

有一次，她穿着居家的拖鞋和过时的旧款大衣，满脸倦容地跟老公出门，她老公的同事碰巧在路上遇到，居然问这是不是他妈妈。

而她老公的现任妻子，虽然年纪大一些，可每次出门都要将自己打扮得跟自己的年龄气质非常吻合，没有浓妆艳抹，而是将自己收拾得干干净净，大大方方地出门。

无论是家里还是家外，这个阿姨都懂得修饰一下自己的容貌，即便一个人在，也要穿着得体，化个淡妆，描个眉。而且她还拥有多年良好的生活习惯，用以保养身材和皮肤。

男人喜欢美女，但美女不仅仅局限于20岁有朝气的姑娘，30岁的女人拥有成熟大方的美，40岁的女人拥有温婉从容的美，每个年龄阶段的女人，都有自己独到的美丽，不是婚后的男人花心，而是你没有将自己年龄的美淋漓尽致地展现。

有人说爱你的人会爱你卸妆后的样子，可一个女人就连化妆的心思都没有，连拾掇自己的时间都舍不得花，他不嫌弃你素颜的样子，但你也不代表你可以完全放任自己变丑变老变得毫不注意形象。

刘姐跟老公结婚多年，在其他姐妹们都害怕7年之痒、感情变淡、老公变心的情感状态下，刘姐却跟老公的关系越来越好。

刘姐说其中有一个重要的秘诀就是不放弃对美的追求。

刘姐跟老公结婚后，对于穿着打扮跟恋爱时是一样地上心，跟老公一起出去吃饭，无论家务事再多，工作再忙，她都会精心打扮，绝不会穿着一身家居服，蓬头垢面就出门。该化的淡妆，该穿的裙子，该修整的头发，她从不掉以轻心。

有一次她跟老公出门看电影，别人还以为两个人才刚恋爱。因为看着一个有着绅士风度的男人牵着一个美貌有气质的女人，你怎么也

不会想到这是结婚多年的老夫老妻。

刘姐生完小孩以后，半年内就将体重降到了从前的数字。她说，一个女人开始变老，不是按年龄计算，而是从放弃自己的外在形象开始的。

为了甩掉肚子上的游泳圈、双臂上的蝴蝶袖、大腿上的赘肉，她每天坚持运动。她说糟糕的身材连自己都看不下去，更别提老公了。

她老公还经常开玩笑说："即便离开了我，你一样可以找到倾慕者啊。"

一个女人不能因为结了婚就丧失爱美这样的天性，反而要一直美下去，让自己永远都保持每个年龄该有的得体大方，从容美丽，你不放弃自己，老公当然也不会放弃你。

时间是把杀猪刀，特别对于婚后的女人。男人常说"家有丑妻是个宝"，但实际上，他们并不把丑妻当成宝来宠爱。他们也常常会说"不在乎你的容貌"，但当你突然变老的时候，他们也会审美疲劳。

很多女人结婚后以为自己被固定在既定的婚姻中，就不需要再费尽心思讨好丈夫的眼光了，而于常人而言，爱一切美的人、事、物，都是人之常情。

有个新闻曾说，某男人因为嫌弃老婆太节约、不买新衣服、不打扮自己，竟然提出离婚。

女人结了婚更应该注意身材和妆容，婚后也要做一个精致的女人，谁说结了婚就一定要做黄脸婆？结婚后，你应该活得更年轻。

无论婚前婚后，你都不应该每天素面朝天，头发凌乱，皮肤油腻，抱着能懒就懒的态度去面对生活和老公，试问有哪个男人爱蓬头垢面且一成不变的女人。

婚后的女人，总是记得老公"即便你美丽不再，我也不会嫌弃你"的话，以为他们真不会再在乎自己的外貌。

其实妻子是丈夫的脸，妻子打扮得有精神，不仅自己美了，男人脸上也有光。懂得爱护自己的女人一定懂得装扮自己，一个懒得装扮自己的女人，也不会是一个生活能手，因为精致和美丽的生活都是从细节开始。

有很多女人曾说，看我婚前身材多好，长得多漂亮，结了婚就完全走样了。其实婚姻从来不是夺走女人美丽的凶手，是女人自己放弃了自己，放弃了爱美的心气。

很多女人结婚以后就不讲究自己的仪容，变得邋遢，不注意打扮。岁月沧桑，红颜易逝，我们不一定要浓妆艳抹，至少要做到淡妆也要有自然美。不一定要大眼睛，但不要有黑眼圈；不一定要有昂贵的衣服，但要有适合自己肤色和体形的衣服。漂亮是一种形象，一种态度，更是一种品位。

有一句话：穿着破旧的裙子，人们记住的是裙子，穿着优雅的裙子，人们记住的是穿裙子的女人。

女人要爱美，爱打扮，结婚后的女人也一样，因为美是女人一生的必修课。

跟你聊天总是结尾的人，一定够爱你

菲菲是个特别讨人喜欢的女孩，人长得漂亮，性格也很好。那时候追菲菲的人有很多，当然每天电话预约她的人络绎不绝，可唯有现任男友是那个长期在聊天里充当最后一个结尾的暖男。

菲菲说："在我认识他的时候，跟他还不太熟。刚开始他约我吃饭，我故意说没空，他在电话里语气没有感到失落，而是说下次等我有空了再约，临挂电话时，也是一定要等我先挂，然后再按通话结束键。

其实刚开始追我的人，有好几个也是等我先挂电话再挂，或者跟我同时挂电话，可半年下来，只有他每次都坚持最后一个挂电话。

有一次他给我打电话，我正在洗衣服，于是就把手机开了免提，谁知道我们聊了10分钟以后，我准备去晾衣服，就说让他先挂了吧，他说好。然后我就把手机扔在洗衣机上，去了阳台。

等到我晒完了衣服，再去拿手机时，看着手机上还显示着正在通话，我立马问他，为什么还不挂，他说要等我先挂。

我说，你这不是浪费电话费吗，他居然说道，我不想让你当最

后一个挂电话的人，那种电话挂断后嘀嘀嘀的孤独声音，我不想让你听到。"

当然，后来菲菲也是从很多事情中看出这个男孩是真的爱她，才决定跟他在一起，但在聊天里总是当结尾的那一个，是在众多追求者中让菲菲一见倾心的重要理由。

某天在知乎上看到一个问题：聊天方式中他爱你的表现有哪些？其中有个网友回道：每次给喜欢的人发微信他都是秒回，聊天的结尾也总是他，就算我回个"嗯"，他也会回好多字。

我想在聊天中总是结尾的那一个，应该算是"秒回"之后最能在聊天方式中体现爱与不爱的衡量因素吧。

小雨跟男友是在一个早起打卡群里认识的，后来因此感觉彼此在群里聊的观点都很相似，于是互相加了微信，然后聊着聊着就聊出了感情。

两个人正式谈恋爱以后，我还带着质疑的态度问她，在微信里认识能靠谱吗？小雨斩钉截铁地告诉我，非常靠谱。我问她为什么这么肯定，她告诉我，跟男友交往了这么久，每次聊天都是他收尾。

当时我还真以为一恋爱智商就自动清了零，这么小的细节也能作为爱与不爱的依据？

小雨见我不信，于是跟我讲了一些事。

"我与前男友，也是我的大学同学，谈了3年恋爱，可没有一次他跟我聊天是等我先挂电话。每次他想要挂电话的时候就挂电话，完全不顾及我的感受，一句我很忙，就当作我应该立刻挂电话的借口。刚开始我以为他真忙，直到后来我从无数次不耐烦的语气中知道，他其实只是不想跟我聊。

还有我们每次在微信上聊天，他有很多次都是在用意念回我信息，有好几次我问他为什么不回我信息，他居然死咬着说自己回了，直到我把聊天的截图发给他看时，原本我是让他认错，可在翻看我们的聊天记录时，我自己却更心酸，因为长达几百页的记录里我几乎发了80%的内容，而且最后的结尾都是我。

而现在的男友即便两个人聊得没话可说了，他也会发很多表情包逗我开心，即便是很想睡觉他也从不主动说今天就聊到这里，而是等我不想说了，让我主动提出结束，才道晚安。"

有一次两个人互道了晚安，本来是他最后一个，可那天12点左右小雨看了一篇好文章，转发给他后又说了一次晚安，这时候他已经是深睡状态，等到半夜醒来看到有未读信息，又再回了一个晚安。

小雨第二天早上醒来，虽然对他说没必要回，可心里也是乐滋滋的。

小雨说，爱你的人不一定是永远在聊天里做结尾的人，但一直做结尾的人，是因为在乎你的感受，懂得从你的角度思考问题，不想让你难过，宁愿自己垫底，也要让你知道有个人一直在你身后随时陪伴你。这样的人，才是真的爱你。

阿玉最近跟一个男孩在谈恋爱，两个人每晚都在手机上聊天。

谈恋爱的人就是这样，是不愿挂断电话、结束聊天的。两个人最后说晚安、睡了、拜拜，亲昵的对话、表情，重复很多遍也不会烦。

有很多次两个人道了晚安以后还是不肯让对方结束，直到男友说，以后我来说最后一句好了，等你先睡了我再睡，等你不想聊了我再停下。

在生活里男友也是这样一个永远在她后面的一个人，吃饭永远要等她吃完再放下筷子，旅行一定要陪在她身边而不是着急往前赶，就连微信上也从不催她，如果她没有及时回复，也会耐心地等她。

其实一直做最后收尾的人，首先，表明他对你有耐心，也愿意花时间等你；其次，他有好的修养，因为他知道从细小的角度用心待人；最后，他宁愿自己面对空落落没有回应的短信，或者冰凉的挂电话声音，这样设身处地为你考虑的人一定对你上了心。

阿玉说："我以前喜欢一个男孩子，每次跟他联系，一旦不想聊了，就问我你还有什么事吗？没事的话，我先挂了。"

有一次，两个人在微信上聊得很开心，可不知是他不想聊了，还是有其他紧急处理的事，阿玉等了好几个小时也不见他回复，直到晚上他发了条朋友圈，见到照片上一群人在酒吧喝酒唱歌，阿玉心都凉了。

原来她只是一个备胎，只是他偶尔想起才会跟她聊几句。

不想聊了，自然就潇洒地单方面结束谈话，而且他也不害怕你会生气不理他，你本来就是可有可无的人，就跟偶尔遇见的陌生人一样，他不会考虑你们之间还有没有下次交往的机会。

除了亲友挚交，通常在关系还不特别稳定的友人、恋人之间会非常珍惜每次聊天的机会。愿意留有余地给下次聊天的人，肯定是愿意跟你长久交往的人。

也许有人说，其实聊天是一件很随心所欲的事，没必要上纲上线地认为，爱你就一定要做最后一个结尾的人。

其实很多时候，从细节中可以看出爱情是否美好，你所认为无足轻重的小事都构成了他是否爱你的表现。

爱情的仪式感其实是很重要的，当你心里有她时，你对她的好，为她考虑的事，都会融入日常生活中，即便是聊天结束后做收尾这样的小事也是你不想忽视的细节，因为爱了，就想全心全意对她好，也因为爱了，才这样不嫌麻烦，对你有心的人，通常不会放过任何一个对你好的小细节。

《东京爱情故事》里有这样一段话：

"现代人不缺爱情，或者说不缺貌似爱情的东西，但是寂寞的感觉依然挥之不去。我们可以找个人来谈情说爱，但是，却始终无法缓解一股股涌上心头的落寞荒芜。爱情不是便当，它们依然需要你的郑重其事。"

判断他爱不爱你有太多细节可以说明，比如，愿意为你花钱，愿意花时间陪你，总是想见你之类的，但越是细小的细节，越能说明一个人对你最真实的感情。

爱你的人即便在聊天结束时，也会体现出对你的心意。在乎的人在聊完天后，你也担心她背后的情绪。因为在意，所以小事也重要，就像心爱的人叹一口气，你的心里就刮起一阵飓风。

如今愿意陪你聊天的人越来越多，无论你聊得多么开心，一旦过了新鲜期或者无话可说时，一句再见就挥之即去，也许有的人一句再见就再也不见。

有的人自己不想聊了，就不考虑你的感受，或者永远让你等待他的回复，或者让你最后一个结束对话，但爱你的人，通常不舍得让你等，也不舍得让你失落。

每个人的生命中都有一个愿意永远为你做聊天结尾的人，因为够爱你，所以愿意做最后那个人，你不用害怕他会走，因为他给你的安全感，让你知道一直有人在你后面关心你，爱护你，在乎你。

我们要不要互删微信

前段日子，大妮跟男友分手了，她扬言要删除他的微信。她说，毕竟情郎已去，心已远，还留着微信干什么用？

她的删除方式也很特别，首先对他取消了置顶聊天，然后又取消了特别关注，最后把两个人从认识以来到现在的聊天记录一条一条看了好几遍，最后才删掉了他。

当时我看到她这个样子，想着这姑娘还没死心啊。

果不其然，她删了他没过3天，她就想各种办法得到他的消息。刚开始她通过搜索他的微信号，然后利用他设置的"允许陌生人查看10条的朋友圈"而默默地关注他的一举一动，甚至还通过看他的封面和头像来揣测他是否有了新欢。

虽然这样的日子很难受，但毕竟可以得到一些他的消息，可最近他直接关闭了对陌生人可查询朋友圈的权限，她知道后心都要碎了。终于她没忍住，又加了他微信。

大概很多情侣都做过这样的事，一旦遇到赌气闹分手，最酷的做法就是删除他的一切联系方式，而且态度越绝越好，甚至在删之前再说一大堆狠话，惊天动地地跟那个人一刀两断。可要不了多久，很多人在删了微信后，简直痛不欲生。

其实真正放弃一个人是无声无息的，你不会拉黑他，也不会删他的电话，更不会把他屏蔽，你只是像对待普通朋友一样，他无论做什么，发什么，说什么，对你而言，几乎在心里激不起任何一丝波澜，你的心风平浪静，根本不会生气动怒，更不会歇斯底里。

但在现实生活中，能做到这一点的人真是太少了。东野圭吾曾说："我把房门上锁，并非为了不让她进去，而是为了防止自己逃到她身边。"其实大多数人分手后互删微信，都是基于这样的心理。

娜娜和前任分手时，两人都约好，不是恋人关系还可以做朋友，于是并没有删除微信。虽然分手后，两人在朋友圈并没有互相点赞、评论，甚至大半年也没开口说过一句话，看似把对方放下了，但是其实并没有。

这一年来，娜娜总是心神不安，甚至比以前更在意他的生活。曾经是在人前关心，如今是在他的背后默默关注。

有一次，大半夜她给我打来电话，她说见他发的朋友圈，照片里有个她从未认识的长得很漂亮的女孩，她把照片发给我，让我一起来猜他是不是真的有了新女朋友。

还有一次，我刚下班才得知她在门卫处等了我1小时，她央求我立马去医院看看他生病好些没，其实他只是感冒而已，输几天液就好了，可她放心不下，又没有一个正当的身份去关心他。

他发的美食，她一定要去尝尝，他喜欢的电影，她也非要去看看，他发一些鸡汤文时，她就要焦虑他是不是心情不太好。

终于，我选了一个合适的时机，真诚地对她说："干脆你还是删了他吧。"

我知道她放不下他，但不删除微信，不彻底了断两个人的联系她会更放不下。后来她还是删了他，就在删了他的几个月后她告诉我，自己找到了对的那个人……

其实生活中还有一部分人，他们放不下另外一个人是因为还没彻底走出他的生活。对于那些意志不够坚定，总是缺乏定力和主见的人，分手以后还是删了对方吧。毕竟不能在一起了，就不要让自己继续生活在他的阴影里，分手了，互不打扰才是最后的温柔。

不和过去彻底道别，你就永远无法全身心投入新的生活里。不跟前任彻底疏离，你就不能用心去接纳真正对的人。其实大部分人分手以后是真的不能做朋友的，因为深爱了，我们是无法眼睁睁地看他跟别的人喜笑颜开，共结连理的。

王姐和刘哥是我见过分手后真正能和睦相处，还能做朋友的一对前任情侣。

王姐和刘哥两个人恋爱3年，最后发现不合适，两个人一起吃了一顿分手饭，说好彼此依旧是朋友。

分手时没有互删微信，也没有任何过激的言语和行为，就如夏天被蚊子咬了一下，虽然痒但还是能忍。

那段时间，刘哥知道女孩子分手后难免一时接受不了，于是还是保持着偶尔跟她联络发个信息开个玩笑什么的，慢慢地等王姐也逐渐从分手的不良情绪走出来时，两个人还经常在微信上互动，她会对他发的有趣味的朋友圈点赞，他也会将看到的好文章转发给她。

两个人从恋爱到分手，从没有删除过对方的任何联系方式，既然相识是缘分，相爱更是缘分。

强哥的新女朋友是王姐给介绍的，她说，即便不爱了，但也真心地希望他过得好。当然他们这样的分手模式，很多人很羡慕却真的很难做到。能做到这样的大度、宽容和接纳，需要一定的格局和度量，甚至还要有一颗强大的内心和积极乐观的心态。

但很难做到不代表就没有这样的相处方式。那些心态好的人，才不会在分手后纠结是否互删微信，因为无论怎么做对他们都几乎没有影响。

其实，当我们纠结分手以后要不要删除微信这个话题时，我们的重点不在后者，而在前者。我们需要思考的是分手之后如何坦然地接受和面对，以此来选择要不要继续跟他还有联络。而不是总在想，不删和删了会有什么影响。

每个人都有每个人的性格和弱点。如果你是一个拖沓的人，就选择一个干脆的分手方式，果断互删。如果你是一个念旧的人，就选择一个缓和的方式，先留着微信。当然如果你的内心足够强大，可以任意选择。

其实分手以后，你们究竟还能不能做朋友，还能不能友好地相处下去，还能不能互留微信，这些都是形式问题，关键要看你用什么样的心态去对待分手这件事。

在感情里最怕拖着，缠着，含糊不清，又不能真正了断情思。还记得《倚天屠龙记》里已经嫁为人妇的周芷若对张无忌仍旧念念不忘的片段吗？

周芷若冷笑道："咱们从前曾有婚姻之约，我丈夫此刻却是命在垂危，加之今日我没伤你性命，旁人定然说我对你旧情犹存。若再邀你相助，天下英雄人人要骂我不知廉耻、水性杨花。"

张无忌急道："咱们只需问心无愧，旁人言语，理他作甚？"

周芷若道："倘若我问心有愧呢？"

有人就曾说，我花了8秒删了他的联系方式，花了8分钟删了所有的聊天记录，花了8小时扔了与他有关的东西，花了8天才能静下来，花了8个月开始忘了他。

结果他一个电话，说了一句，在吗，所有记忆全部复活，像涨潮的海水，一波一波地涌了上来。

有太多人在感情里，即便删了或者留着他的微信，依旧"问心有愧"，其实当我们在纠结这个问题时，我们没有真正放下。当你放下了，任何一种形式放之四海都是可行的。

很多人很多事，我们要学会真正放下，不仅要在面子上将它放下，也要从里子中，果断地将它抽离。毕竟我们只是喜欢他，又不是离不开他。请记住，**在这个世界上，无论你离开谁都可以活得很好。**

愿你早日领悟，早日脱离苦海，早日找到真正对的那个人。

好女人都是宠出来的

有一次我经过一所幼儿园的门口，刚好遇到小朋友们放学，看到一位妈妈正在训孩子。

妈妈说："叫你不听话，又被老师罚站了。你怎么这么不省心啊，我在家里给你和你爸做牛做马，完全把你爷俩供着似地伺候，结果一个跟我吵架，一个上课不专心，都来惩罚我，看我回家怎么收拾你！"

孩子试图去拉妈妈的手，不停地说："妈妈我错了，下次再也不敢了。"可妈妈全程就呵斥他，根本不给他认错的机会。

我在一旁听到一个家长说："其实你看她丈夫怎么对她，就知道她为什么会变成这副凶神恶煞的样子。"

我在一旁听得清清楚楚，原来这个妈妈没嫁人之前非常善解人意，温柔大方，所有人都夸赞这个女孩子性格好。可自从她结婚生子以后，没人帮忙带孩子，她辞了那份高薪又稳定的工作，在家当家庭主妇。

刚开始她丈夫对她也很好，可日子久了，她丈夫就各种嫌弃她，

说她饭菜做得不好吃，地板拖得不干净，孩子一哭闹就怪她没教好。

丈夫每天只负责上班，其余所有里里外外都要由她操心。丈夫下班回到家，见她忙得不可开交，也不会帮她收拾一下厨房，抱会儿孩子，或者洗一次碗。

长期泡在油烟味和琐碎事中的女人，难免会显得苍老很多，这时候，丈夫不但不懂得心疼她，更经常骂她是个黄脸婆。

在丈夫心里，他负责赚钱养家，是家里的主力军，所以对妻子有种居高临下的感觉。

林语堂曾说："女人是水，兑入酒中是酒，兑入醋中是醋。"一个女人是什么样，看他丈夫就知道。

其实好女人都是宠出来的。你疼她爱她关心她，她就温柔似水；你怪她怨她冷落她，她就坚硬如冰。你对她抱怨指责，她就满身戾气。尤其是结了婚的女人，更是如此。

我表叔和表婶结婚的时候，所有人都不看好他们的婚姻，而且当时的表婶性格不好，脾气暴躁，可即便如此，表叔也坚持要娶她为妻。

结婚的时候，很多亲戚朋友都对他说，以后有你受的了。可奇怪的是，两人结婚后，小日子却过得异常甜蜜，最重要的是曾经那个胡搅蛮缠、蛮横不讲理的表婶居然变得温柔贤淑，心宽了，人更美了。

其实这一切转变都多亏了表叔。

我记得有一次表婶回家发脾气，说隔壁家的王媳妇在背地里说她坏话，嫌她胖，穿衣服没品位，连饭都做不好。她本准备去找王媳妇理论一番，可表叔却对她说，我就喜欢胖胖的你，你穿衣服没品位，我就努力挣钱多给你买衣服，你不会做饭我会做啊。自此以后表婶就变得有自信了，别人对她嚼舌根，她也不计较了。

还有一次她得了重病在医院里躺了几个月，吃喝拉撒都要人伺候。表叔不仅每天要上班，还要日夜照顾她，可她虽是个病人却无理取闹，经常发无名火，一言不合就说表叔是想要跟她离婚，还诋毁表叔想要甩了她这个拖油瓶子。

可表叔即便在心力交瘁的时候，也不跟她吵不跟她闹，反而是越发地对她好，凡事让着她，还对她说："无论你变成什么样子，我不可能不管你，你永远是我的妻子。"

本来满身怨气的表婶，突然就意识到自己错了，有个这么好的丈夫，难道还不值吗？那次病好以后，她就慢慢变得温和起来。

有人曾说嫁给一个男人就是嫁给一种生活方式，也是嫁给一种性情，一种心胸，一种心态。其实女人都有猫性思维，你对她好，她就心花怒放，你对她差，她就冷漠孤傲。你宠着她，爱着她，她的心里有了安全感，有了底气，也就不再患得患失，不再斤斤计较，不再敏感小气。

前不久，我在街上看到了刘姐，如今的刘姐，满面春光，见到谁都一副乐呵呵的样子，这可让我有些诧异。因为以前的刘姐，可是一个整天板着脸，不苟言笑，对谁都凶巴巴的人。

后来我听人说，刘姐的转变如此之大是因为她的第二任丈夫把她宠得如女儿一般，都说女人如水，被爱滋润的女人，自然就多了一份温柔的气质。

刘姐的第一任丈夫，有严重的大男子主义，凡事他说了算，一

且违背他的意思，他就要跟她对着干，而且绝不在言语和行动中让着你。每次两人闹矛盾，都要靠双方父母协调才能继续过下去。

可她跟她的第二任丈夫在一起，无论是谁对谁错，他都首先认错，他说家是讲爱的地方，不是讲理的地方，老婆是用来爱的，不是用来吵的。所以即便他们有再大的矛盾，也能在两天以内冰释前嫌。

刘姐的第一任丈夫，对她很吝啬，不肯为她花钱，总是嫌她乱花钱。家里无论买什么东西，他都要求平摊，凡事算得特别精明。

可刘姐的第二任丈夫，一结婚，就把自己买的房子加了刘姐的名字，把自己的工资卡都给了刘姐，只要她喜欢的东西，即便贵一点儿，也舍得给她买。

刘姐跟第一任丈夫在一起时，总是爱动怒，对谁都一副冲脾气，因为她在家，丈夫就没给过她好脸色，于是她的脸从来都是板着的。可跟第二任丈夫在一起，她变得开朗，变得大方，不斤斤计较，不像曾经那样别人跟她开个玩笑，她就要翻脸。

其实女人的心特别容易被感化，男人对她若是和风细雨，她也一定会温柔如水，男人如果对她没好脾气，她也一定张牙舞爪。

一个男人若用关心，用在乎，用心疼宠爱一个女人，这样的女人就会变得更加柔软，更加娇媚，更加善解人意。但若一个男人，总是冷漠，打骂，轻视地对待女人，她们就会变得更加坚硬，更加无情，更加无理取闹。

有人说，**男人是要崇拜的，但女人一定是要宠爱的。男人在感情中要的是一种尊重，可女人要的只是爱，唯有爱，可以滋养一个女人。**

其实一个好女人身边几乎都被一个好男人宠着，宠妻子的男人真的很聪明，因为她是你的老来伴儿，也会是你孩子的妈妈，更是你父母的儿媳，一个妻子决定着一个家的幸福程度，而若一个男人懂得宠爱妻子，那日子会过得更轻松和谐。

好女人从来都是被宠出来的，不会是被抱怨，被冷淡，被嫌弃出来的。

这才是爱一个人的真正感觉

　　某天跟兰姐一起吃午饭，餐厅里空调温度有些高，于是她把羽绒服外套脱了放在凳子上挂着，我不经意地看见她身上穿的红色翻领毛衣，特别显身材，于是问她在哪儿买的。

　　兰姐听我这么一问，笑呵呵地回道："是我老公出差时给我买的。"

　　我说："你老公真有心，出差也不忘给你买东西。"

　　兰姐说："我老公就是这样的人，看到好吃的、好看的、好玩的，总是会第一时间想到我，而且每次都在我最需要的时候给我买。就比如我这毛衣吧，他有一次帮我收衣服的时候，见我毛衣起了球，于是就默默记下我的尺寸，总想着有空要给我买一件。

　　还有一次我穿的打底裤脚趾那儿破了一个洞，第二天他就给我新买了两条回来，而且穿起来刚好合适。于是我就问他怎么知道我穿的是这个牌子的，因为打底裤至少有几百种品牌。他得意地说：'你上次买回家，我帮你剪商标时就顺便把吊牌收了起来，以备下次给你买的时候参考着用。'

还有一次，我们出去吃火锅，通常我们都是点红锅，没想到那次他非要点鸳鸯锅，而且还不准我吃太多辣椒，我刚要动筷子舀小米辣，他就挡住了我的手，当时我还有些生气地说，干脆什么都不让吃算了。他语重心长地对我说：'不是不让你吃，平时我还在家做饭还特意给你加辣椒，还有5天你的生理期就到了，要忌一下嘴。'我当时就蒙了，心想，我上个月生理期是多久我扳手指数都不太记得，没想到这家伙居然记得比我还清楚。"

我想这才是真正爱一个人时的感觉吧，因为心里对你有爱，所以做什么脑子里都有你。

作家马德就曾说，有时候你把自己都忘了，这个世界都忘了，但心底还会有个人不屈不挠地在那里，这个人一定是你最爱的人。

我三姨妈和姨父结婚25周年纪念日那天，他们邀请了双方的家人一起吃顿家常便饭。

席间我二姨妈就感慨地对我三姨父说道："我妹妹脾气不好，而且丢三落四的，一点儿也不会持家，严格来说，不是一个让人省心的媳妇。可没想到你们结婚这么多年，她所有缺点你都能包容。"

在座的所有亲戚其实这些年也是有目共睹，三姨父是如何对三姨妈好的。

他们两人结婚时，还跟姨父父母一起住，姨妈那时候性格特别小气，被婆婆稍微说几句重话，就生闷气躲在房间里不吃饭，而姨父每次都偷偷半夜起床去厨房热好饭菜给姨妈送去，不让父母知道以防伤她面子。

姨父那时候是个建筑公司的包工头，经常要到外地出差，而三姨

妈又多疑，耳根子软，一听别人说姨父出差是去找情人了，就气得暴跳如雷，不分青红皂白地要跟他闹离婚。这之后每次姨父要出远门，一定每天跟姨妈汇报今天的行程，见了什么人，跟谁在一起。

他们结婚时，姨父送她的黄金戒指，那时候还是挺值钱的，没想到姨妈是个粗心人，一次洗澡前取下来，就不知道放在了哪里，她又害怕又自责。姨父知道后对她说，等今年赚了钱就给她重新买一个，然后安慰她说，掉了就掉了，影响心情就不值得了。

当时我还夸姨父脾气好，他却说："不是我脾气好，而是你姨妈太重要。她小气我就大气一点儿，她多疑我就光明磊落地给她提供证据，她没收拾我就细点心，既然嫁给我，当然不能让她受委屈。"

有句歌词曾写道，有些人说不清哪里好，但就是谁也代替不了。

其实每个人身上都有很多缺点，但最后愿意包容你、理解你、宽容你的人多半都是爱你的人，只有相互爱了，才愿意让着你。

有个读者朋友，称呼她为G姐吧，曾经跟我分享了她跟老公之间的爱情故事，让我很感动。

G姐是个全职太太，生了小孩以后就在家带孩子。她老公是个公司的高管，平时工作非常忙，压力也很大，可每次回家他都要抢着去厨房帮G姐择菜做饭，即便帮不了忙，也陪着她一边炒菜，一边聊天。

晚上，他总是要求自己带孩子，有一次大半夜孩子尿床哭了，他一听到哭声，立马把孩子抱到隔壁的小房间去，一个人给孩子换尿布，哄孩子睡觉，一弄就是1个多小时。

这期间G姐丝毫不知道，她多次听到孩子哭了一声就不闹了，还以为是在做梦，其实是她老公心疼她白天带孩子太辛苦。

他每天早上都会比她早起半个小时，而且起床时也不开灯，生怕把她弄醒，然后蹑手蹑脚地摸黑做事。他提前把孩子的奶瓶消毒，奶粉舀好，把一切准备工作做好后，再出门上班。

还有一次她在客厅看电视，让他顺手递一个橘子过来，没想到他给她时已经是剥了皮的。

G姐说，有这么一个心疼自己的老公，即便当家庭主妇再辛苦，也觉得一切付出都是值得的。

其实无论是恋爱中的女孩还是婚后的妇女，最想要的不过是男人的心疼和爱护。

张小娴曾说，**爱一个男人，可以爱他的英俊，爱他的聪明，但请不要只爱这些，他的聪明，他的容貌，他的个性，他的钱，他的事业，都是属于他的，只有他对你的好，才是他对你的情意。**

当你爱一个人时，你自然会打心底地心疼她，心疼她的不易，理解她的艰辛，在意她的痛苦，爱有多少，你的心疼就有多少。当你爱一个人时，你心中有无限的心疼，那是一种柔软到极点的感觉。

爱情是世间最美好的感情之一，而爱上一个人的感觉通常有三点：

· 做什么都会想到你

有人曾说，当你吃到了好吃的美食想跟他分享，看到好看的风景想让他欣赏，买了新的包包，做了新的指甲甚至是上班迟到5分钟也要让他知道的人，通常就是你喜欢的人。

·你不够好，可我还是喜欢你

《春娇与志明》里有这样一段台词："我小时候就很喜欢便利店的肉酱意粉，很多人问我，你为什么喜欢吃？它真的有点咸，肉也不多，喜欢就是喜欢。我喜欢是因为，我觉得她好，她什么都好。"

因为你真爱一个人，所以她是好是坏也都无所谓，两个人之间是否合适，其实最重要的是你是否对她有爱，爱了，就自然能包容所有缺点。

·没有理由地心疼你

当我们爱一个人的时候，我们的内心就突然有了软肋，就会想到事事都要照顾到心爱的人，为她分一些忧，解一些难，哪怕为她做一些力所能及的小事，心里也是开心的，乐意的，无怨无悔的。

当我们真爱一个人的时候，头脑里有她，琐事里包容她，日常里心疼她，这才是真爱的真正感觉。

怎样才能过上美好的生活

那天我和表姐乘坐大巴车回家，路上一直堵车，本来天气就热，我一直焦急地盯着外面川流不息的车辆，心里越发毛躁。

可这时表姐居然很兴奋地拉着我往她指的方向看，我以为她在故意逗我，于是没好气地说："除了车还是车，有什么好看的。"

表姐继续对我说道："难道你没看见就在你眼前的粉红色樱花吗？"

我仔细一瞧，隔着玻璃窗户，隔离带上的几十株樱花有序地排成一排，因为车子靠在路边，有好几串开得绚烂夺目的花儿就如在有意向我展露身姿，当微风轻轻飘过时，花朵随风摇曳，如少女般在翩翩起舞。

当时，我的情绪一下子就柔和下来，我感到惭愧，原来美好的事物一直就在身边，只是因为我缺少一双发现美的眼睛。

在生活里，我的表姐也是一个特别懂生活的人。每年我只能凭着天气预报和消极情绪去确定季节的变化，可表姐从来都会从大自然里去发现四季的轮回，也能从中发现许多美好的瞬间。

比如，当我觉得花粉太多容易过敏的时候，春天就来了。可表姐说当街道两边的榕树抽出新芽，绿意绕在枝头时，就是春天呀。

当我觉得炎炎夏日就是闷和热时，她却告诉我，夏天可以抬头看见如蓝宝石般湛蓝的天空，听到绵缠优美的蝉叫，闻到清新扑鼻的栀子花香。

不得不说，表姐在生活里是一个懂得领略和欣赏美的人，因此她总是能把生活过出别样的诗意。

其实生活是由无数个微小的细节和不经意的瞬间所组成的，而生活里从来不缺乏美好，你之所以不容易发现它，其实在于你不够用心去体会和观察。

当你学会在一分一秒、一草一木、一点一滴中去精心品味，细心领悟时，才能在心中真正地悦纳美好。生活的美，从来不是只能在惊天动地的大事情里才能找到，而是在琐碎日常里依旧可以发现小确幸。

某天朋友娟子要来我家，我到楼下去接她，她走到院子里就像是被什么东西绊住了脚一样，我频频回头，示意她走快一点。

然后她对我说："你不要慌嘛，我觉得你家院子的绿化太美了，有种让人停留驻足的冲动。"

我听了之后不禁大笑，对她说："你有没有搞错哦，这是十几年前的老小区，我反正没发现这里有什么特别。"

之后娟子非要让我给她在院子里多拍几张照片，她站在一个小亭子里，我举起手机，突然从镜头里发现亭子的四周几乎被花丛和绿植包围了。

那里有开得娇艳如滴的红玫瑰，有热情大方的紫罗兰，还有许多黄蕊绿叶的米兰花，当时我的心被震住了，我在这儿生活了几年，每次都是匆匆路过，竟然错过了如此美好的景色。

这让我想起，有一次我到姨妈家吃饭，当天她做了一盘红烧鲫鱼。当我狼吞虎咽地吃完以后，姨妈问我："你知不知道里面有什么佐料是你最喜欢的？"

我一时语顿，姨妈说："有你最爱的荷香叶、芹菜末，还加了香椿段呢。"

而且我并没注意到整盘菜，白蒜黄姜，绿葱红椒，鲫鱼煎成两面金黄，简直就像是一幅水彩画。要不是姨妈向我一一提起，我除了肚子有饱胀感，真的没有发现那顿饭那么有滋味，有美感。

姨妈对我说："生活其实是需要慢慢品味的。当你把吃饭当作一项任务，而不是花点儿时间去细嚼慢咽，你永远体会不到美食的真正味道。"

林清玄曾说过，浪漫，就是浪费时间慢慢吃饭，浪费时间慢慢喝茶，浪费时间慢慢走，浪费时间慢慢变老。

隐藏在生活细节里的美，无论是眼可观，耳可听，鼻可闻的，通通都可以在慢一点的时光里找到。当你的节奏太快，当你做什么事都在赶时，你是无法领略到这份美感的。

前几天我找刘姐有事，本来跟她约好到她家附近的咖啡馆谈，她说不如就直接到她家去聊。

去之前我一直认为刘姐的家，一定装饰得富丽堂皇，家具昂贵，摆件繁多，因为她的家境一直都很殷实。

可到了以后我才发现，她的家远比我想象的简单朴实，整个家的

装修风格就是极简主义，而且陈列在外的物品也很少。

我们就在阳台上聊天，木质地板，中间有一个小茶几，上面放了几本书，还有几束茉莉花随意地插在小花瓶里。我们就在那儿坐下，聊得轻松自在。

后来她带我参观了她的卧室和衣帽间，她的卧室里没有放电脑，也没有安电视，只是墙上挂了孩子的涂鸦画，床头柜旁放了夫妻二人的旅行合照。

房间里窗帘和被套都是清一色的宝蓝，让人心生凉爽。刘姐说，生活的本质在于怎么过，而不是让多余的摆件和不必要的物品，拖累以及分散我们的注意力。

我原本以为她的装饰品和衣服一定很多，没想到她平时穿戴的东西居然那么少，每个季节只有几套衣服换着穿。我对她说："你也太节约了吧。"她却笑道："要那么多干什么啊，有时候我们就是把太多时间和精力用在选择上了，其实适合你的才是最美的。"

当我们心中的贪恋太大，欲望太盛，想法太多，你就会被不重要的物质生活所困住，因此活得特别累，特别纠结，甚至物质越丰富，生活过得越没有品质。

很多时候我们之所以觉得生活过得平淡枯燥，不是因为我们得到的太少，而正因为我们想要的太多。蒋勋说过："当许多东西摆在你面前时，你要有一种教养，知道自己应该选择其中的哪几项就好了。"美是一种选择，而不是贪婪。

其实有生活的地方就有美，它在我们的琐碎日常里，在衣食住行里，在吃穿用度里。

· 美需要用心发现

有人曾问：美藏在哪里？美藏在细雨和暖阳里，在清风和白云里，在小桥和流水里，在秋叶和枯枝里。它就像水浸透在世间的每一个角落，一年从开春到冬尽都有美的踪迹，心就是美的眼睛。

只有当你用一颗细腻的心去感悟和体会生活，你才可以真正拥有美的生活。

· 美需要慢慢品味

如今我们的生活速度越来越快，甚至陪家人吃顿饭，陪爱人聊会儿天，陪父母散会儿步，都在着急，急着玩手机，急着一心二用，急着为各种未知的压力担忧。如果你不学着把脚步放慢，把自己置身于真真切切的每一个当下，你就永远体会不到生活的真意和美丽。

而所谓的慢不是让我们停止忙碌，而是缓慢本身要构架在心情上。我们唯有放缓节奏，才能感受生活中的点滴之美。

· 美需要删繁就简

其实我们真正需要的并不多，我们要学会对生活做减法，更需要对多余的人、事、物进行断舍离。

梭罗在《瓦尔登湖》中说："我愿意深深地扎入生活，吮尽生活的骨髓，过得扎实、简单，把一切不属于生活的内容剔除得干净利落。把生活逼到绝处，用最基本的形式，简单，简单，再简单。"

愿有人陪你坐在红泥火炉旁，喝着绿蚁新醅酒，在平平淡淡的生活里，把日子过成一朵水仙花儿。

我不过"够不着"的人生

某天我回家，又看见刘哥拿着一桶水、一块抹布，为他的宝马车做清洁。

刘哥是个普通的工薪阶层，一年前掏空了全身家当，又向银行做了贷款，买了这辆豪车。

可这辆车耗油，每年的保养费非常高，刘哥平时几乎不开，总是把它停在小区阴凉处，然后用一张黑色车罩子笼着，定期还要为它除尘。

他把这辆车当宝贝一样供着，车买了快1年了，开出去的次数不超过10次。

我丝毫看不出他买的这辆豪车，为他的出行带来多少便利。顶多就是偶尔开出去为他"长面子"而已。

很多人都说，他这爱车啊，不是用来开的，是用来看的。

这让我想起了几年前，我刚毕业，我妈说，出门了要穿得体面点儿，于是忍了忍给我买了一件五位数的外套。

那衣服的样式非常时尚，黑色的半身小斗篷，上面还有一个精致

的小别针，试穿时感觉整个人的气场瞬间长到了两米五。

可买了以后，我到现在也没穿过几次。因为那衣服贵妇范儿十足，跟我的年龄根本不符合。

我穿那件衣服时，心理负担特别重，生怕它被弄脏，弄坏，或者不小心戳个洞，那样就亏大了。

直到现在，那衣服还放在我的衣柜里压箱底。

对于普通人而言，过日子可不是虚无缥缈的风花雪月，而是实实在在的衣食住行和柴米油盐。

你买的东西，首先是拿来用的，是为了便利、省心、舒服等特别实际的出发点，而不是纯粹去买满足你的欲望和虚荣心的东西。

老舍曾经说过，高估自己是我们的一座可怕的陷阱，而且这个陷阱是我们亲手挖的。

如果你买了自己用起来舍不得，怕摔着怕磕着，随时提心吊胆小心翼翼的东西，那再昂贵，又有什么意义呢？

过生活要选适合自己的，让自己感到舒服自在的，才是王道。一味打肿脸充胖子，过给别人看的，那是演戏，很累的。

某天我回老家，听说我有个远房表哥炒股亏了，如今不仅负债累累，还把家里唯一的房子给抵押了出去。

之前股市处于牛市，表哥看周围的朋友不到半年就轻轻松松挣了10多万元，他也动了心。可他完全不懂股市，好好的班不上，学人家一心发横财。没想到不仅浪费了时间和精力，自己还赔了老本。

其实这已经不是表哥第一次干这种事了。建筑行业很挣钱那段时间，许多人投钱买挖掘机，或者出钱承包工地，有些人干脆连工作也

辞了，做了几年就成了暴发户。当时表哥也非常动心，其实他根本不适合去做这样的投资，幸好最后他被家人及时制止了，要不那年差点儿倾家荡产。

其实表哥有份很稳定的工作，他大学毕业后，就考上了公务员。其实他的性格特别适合干这一行，如果好好地把他在单位写材料的功夫发挥好，他将来也不会混得太差。可他最大的弱点就是，嫉妒心特别强。

在生活里，不乏有许多好高骛远的人，他们看见别人过上了比自己更好的物质生活，于是就羡慕嫉妒恨。可他们从不掂量自己的能力和实力，于是即便是削足适履，也执迷不悟想要达到跟别人一样的高度和水平。

我们大多数人都渴望功成名就，渴望有权有势，可我们皆为普通人，找到最适合你走的路，远比模仿别人，更会让你感到幸福和快乐。

每个人需要找准自己的角色定位，明白自己能做什么，不能做什么，就如老话说的那样，有多大脚，穿多大鞋。

不要盲目和别人攀比，活在自己的角色中，才能过好当下的生活。无节制的比较，只会让人身心疲惫，甚至付出巨大的代价。

生活要量体裁衣，也要量力而行，去过自己力所能及，踮起脚尖可以够得着的生活，而不是一味往前横冲直撞。

有一天我收到了一个读者的留言，大意是她喜欢上了一个很优秀的男孩子，她追了好几年，才勉强成了他的女朋友。

其实她只是一个普通的女孩子，她绝不是对他有所企图才靠近他，而是真的好喜欢他。可无论她怎么努力，他从未在家人朋友面前正式承认过她。

她说："为了跟他看起来很相配，我即便省吃俭用，也要在穿衣打扮上下狠功夫，免得丢他的面子。他过生日，我把辛辛苦苦凑了一年的私房钱，给他买了一块心仪的手表，可他收到以后，居然没有我想象中那么惊喜。我凡事都附和他，他一不开心，我整个人也没有心情做其他事了。可是我感觉很累，不知道自己还可以坚持多久。"

在生活里，不知道你有没有喜欢过这样一个 "高攀不起" 的人，你们无论从什么条件来看，都不适合。可你偏偏要勉强，到最后你发现，你们能维持到现在，全靠你一个人死撑。

在《大鱼海棠》里，湫向椿表白："我喜欢看你吃东西的样子，你吃东西的样子很好看。我看过你很多样子，伤心的样子、开心的样子、尴尬的样子，你什么样子都很好看。我从小没有爸妈，奶奶把我带大，我天不怕地不怕，最怕让你受苦。"

可是椿还是背靠着他，只淡淡地说了句："你对我就像哥哥一样好。"

他以为对她好，就一定会得到她的爱，可他并不知道，有些人无论你怎么努力，也不可能得到她的真心。

不知道你有没有爱过一个不可能的人，即便你再爱，可这个人就是错的，是不适合的，对你也并没有你对他那样深情浓意，这个时候比死缠烂打更明智的是及时放手。

比起爱得死去活来，爱得不知所措，爱得遍体鳞伤，我更愿相信真正的爱，一定是你够得着的，一定是给你真真切切的温暖的人，而

不是一直让你陷入两难的人。

在年少轻狂的时候，我们总是渴望过最刺激的生活，做最冒险的事，爱最疯狂的人，可等到年岁渐长，才发现真正好的生活，不一定昂贵，不一定很有钱，不一定要满足你所有的心愿。好的生活，应该是在你承受范围以内的，最适合你的，让你没有太大的压力感，让你能够看得见、摸得着、握得住的幸福。

为此，我们可以通过以下三点去实现。

· 不买你用不起的东西

很多人总说，年轻的时候就要买买买，不然你20岁想要的东西，等到80岁就不想要了。可事实却是，很多人即便买得起昂贵的东西，也用不起。

因为你的气质、年龄、收入根本就配不上提前消费如此好的生活。

· 不做你做不到的事

其实做不到不是贪图安逸，待在舒适区的借口，而是总是去做超出你能力范围的事。人呀，贵在有自知之明。

古籍《于陵子》里讲过这样一个故事：有一只蜗牛志气很大，要成就一番惊天动地的大业，它的目标是：首先东上泰山，估计得走三千年；然后南下江汉，也得走三千年。而当它反观自身，算了算自己只能活一天，于是这只蜗牛悲愤至极，转眼间就枯死在蓬蒿之上，徒留下笑柄而已。

·不去爱你爱不起的人

其实最好的爱情，不是得不到，而是已拥有。当你爱了一个无论如何努力也难成眷属的人时，就要学会放下执念，勇敢说再见。

毕竟我们只有一个人生，没必要赠予给错的、不可能的、不爱你的人。

我不过"够不着"的人生！

年轻时多去尝试，究竟有什么用

某天朋友强子跟我聊天，他说他辞职了，目前已经跟新的公司谈好，准备去重庆，开始新的工作。

我当时听到之后简直炸了。因为强子在曾经的公司干了6年，而且薪资待遇都非常不错，强子也一直是领导重点培养的对象。

我以为他是意气用事，跟同事处得不愉快，或者对工资不满意，又或者是其他别的重要原因。谁知道他居然云淡风轻地告诉我，他辞职，只是因为想要真正去做自己喜欢的工作。

强子是学软件专业的，但他内心一直有一个梦想，就是做广告策划人。我对他说："你也知道隔行如隔山，而且有句话说，跳槽穷三月，换行穷三年。"

强子说："我不怕。"

我又问他："如今你这个年纪正是凑钱买房、娶妻生子的黄金时期，难道不怕到头来人财两空吗？"

强子笑了笑，他大概猜到了我一定会问这个问题。他说："趁着现在还年轻，再不去尝试做自己真正喜欢的事，以后几乎就再也没了机会。我不想为以后的人生留下任何遗憾。"

说这话时，强子异常坚定，那一刻我也终于懂了这个决定于他而言，真不是一时兴起，说说而已。那天谈话结束后，我鼓励强子一定要好好努力，既然做了冒险的选择，就一定要全力以赴。

也是从那一刻起，我突然发现自己早已没有年轻人身上那股冲劲和热情，我在社会上摸爬滚打几年后，也依旧变成了当初我最不喜欢的样子：年纪轻轻就追求稳定，想要过上安逸的生活，对梦想对未来做了太多退缩和让步。

20多岁的时候，我们总是花许多精力和时间去犹豫和纠结什么选择是最好的，我们以为所谓的成功就是赚很多钱，有很多权。直到后来我才明白，年轻时最好的资本就是那不顾一切的闯劲儿和拼劲儿，是那敢去为梦想多尝试的勇气和信念。

有一次几个朋友一起聚会，晚饭吃到一半，朋友娜娜就说有事先要走。我看她那慌慌忙忙的样子，调侃她说："大家好不容易聚在一起，男朋友可以下次约嘛。"

娜娜苦笑道："你看你，思想就这么腐败。难道我就不能因为自己喜欢的事花时间钻研吗？"然后她突然弯腰附在我耳旁，悄悄说道，"我最近在学钢琴哦。"

我当时第一反应是："什么？你都多少岁了，居然去参加小学生的培训班，跟一群小毛孩从最简单的音阶开始练起？"

要知道娜娜今年已经28岁了，读书那会儿，她就五音不全，更别提认识五线谱了。而且这么大龄的学生，难道不怕大家笑话？

娜娜大概看出了我的疑虑，然后拉我到一旁说道："我知道你觉

得不可思议。可我们还这么年轻，为什么要给自己设限，认为只要离开了校园，参加了几年工作，就没有资格去尝试新的兴趣和爱好？"

我说："不是不应该，只是觉得这个年纪再去学兴趣班有什么意义呢？你既不会因为有这个特长，生活就过得有多么与众不同，也不会因为这个爱好给你带来物质上的利益。"

娜娜说："难道你觉得，年轻时尝试的任何一个兴趣爱好，都必须要带给我们所谓的功利性质的价值？我在这个学习的过程中，得到了乐趣，有了学琴的体验，进而得到内心的满足，这也是收获啊。"

我听了听，确实是这个道理。不知道为什么，如今的很多年轻人，也包括我，一提到尝试学什么知识和技能，总是要问这有什么用，似乎没有实际看得见的用处，我们就没必要尝试和学习。

但我们却忘了，其实于年轻人而言，尝试是最大的用处。它虽然看不见摸不着，看似没有任何意义，但经历本身就是人生中一笔用金钱无法衡量的宝贵财富。

我有个朋友A姐，她被我称为永远长不大的女青年。其实A姐已经过了而立之年，按理说也不再年轻，但你从她身上根本看不到一丝一毫跟老有关的影子。她总是特别喜欢学习新的东西，做新的尝试。

比如有一年夏天，她突然迷上了摄影，只要到周末时间就背着她那快要淘汰的相机，到处采风拍照，回家就自学PS。在所有人下班只会聊天、追剧、刷朋友圈时，她利用这些零碎时间学图层、蒙版、调色。

当时身边很多人告诉她，有这闲情逸致，还不如利用时间多逛几次街，多看几集电视剧呢。毕竟她做的事既费体力又耗精力，而且看起来似乎也没什么用。

比如有一年冬天，她又迷上登山运动，只要到节假日，她就经常一个人背着一个包，轻装上阵，把附近城市的大小山顶都爬遍了。

当时也有人问她，即便你登上了珠穆朗玛峰又如何，在现实生活里，你依旧是个普通人，在普通的工作岗位，领着一份普通的薪资。

那一年A姐在听一次演讲时，无意间又萌生了想要学英语的想法。于是她又二话没说，每天看英语电影，听英文歌，尝试着一些简单的英语对话。

那时候有同事知道她在苦练英语，就笑她傻，如今又不参加高考，学那么多有何用。

可A姐对这一切质疑都没有放在心上，反而是内心非常平和且坚定地做她喜欢的事。

当身边的许多年轻人开始浑浑噩噩地混日子，无聊呆板地过生活，当他们感觉到生活越来越无聊麻木时，A姐的生活却充满了无数乐趣。

她曾对我说："你不知道，在生活里因为有了这些新尝试，我的生活变得更加丰富多彩，性格也越来越积极乐观，甚至在平时工作中，我也很少抱怨，更踏实肯干了。而**这份多多尝试的过程和体验，打开了我的眼界，充实了我的生活，这正是我对抗庸常生活最好的武器。**"

如今的年轻人，无论做任何选择、任何事都越来越小心谨慎，越来越带着功利的眼光。在越来越现实的社会，我们被房贷车贷压得喘不过气，被晋升加薪所牵绊。我们会发现，似乎长大以后，我们除

了学会招呼应酬，学会人云亦云，也丢了年轻人身上该有的活力和自信，我们的内心早已步入中老年。

我们不愿花时间再去学习新的东西，我们不愿听着内心的呼唤去过自己想要的生活，我们更不肯舍弃一些眼下的诱惑和利益，去追求自己的理想和追求。

其实年轻时我们所谓的成功，真的不是单纯意义上的功成名就。你只有多做尝试，才会发现人生中有很多意想不到的收获、刻骨铭心的体验和难得一遇的风景。

如果在年轻的时候，我们过早放弃了多尝试多接触多体验的勇气，那这样的人生真的会黯淡无光，不值一过。

总有人问年轻时多做新的尝试究竟有什么用，其实到最后你会发现，其实人生本来就没什么用。

也许唯一有用的就是，当你年老时，你不会懊悔曾经苍如白纸的人生经历，不会懊悔按部就班的生活轨道，你会庆幸因为这些不同的尝试和体验，让你的人生变得更加丰富和充盈。

那些打不倒你的，终将成就强大的你

很多人都特别害怕逆境，他们认为顺境才可以激励人更好地成长。其实真正强大的人，都是在涅槃里获得重生。因为当他们在经历过千难万险后，心态会更平和，心智也更成熟，所以才能以更好的状态，不惧风雨，也不畏将来。

我的同学刚子，在读书时一直是个品学兼优的三好生，参加工作时也如愿进入了理想的单位。就在他的生活顺风顺水时，家里突然传来噩耗。他的母亲得了癌症，并且查出的时候已经是晚期了。

当时医生告诉他，母亲最多能活半年。那半年，他每天上班如坐针毡，因为分了心，所以工作上老出错。虽然领导知道他的特殊情况，可公司不是个光讲人情的地方，工作干不好就得挨批评、扣工资，甚至面临被辞退的危险。

而此时，他的未婚妻也突然打了退堂鼓，说要再考虑考虑两人的关系，其实是害怕他没妈了，以后没人帮忙带孩子，几经周折，彻底跟他分了手。

而每天他就被亲朋好友各种问询，你妈情况怎样？是不是病情又

恶化了？你有没有做好心理准备？刚子说："当时听了这些话，就感觉他们都希望我妈早点儿死。"

那半年是刚子人生中最灰暗的时期，他承受着领导对他的不满、爱人的抛弃、亲人的离世。可正是因为这段苦涩的经历，让他练就了一颗坚强的内心。

如今的刚子，无论面对再大的工作难题，再大的生活压力，再大的感情纠葛，都能应对自如。

他说："要感谢那些打不倒我的困难和挫折，正是它们的考验和磨砺，让我在今后的人生中变得更勇敢、成熟，也越来越强大。"

有人说，一个人真正的强大，是既可以享受最好的，也可以承受最坏的。其实享受谁不会，承受却不是任何人都可以做到的。

但正是这些在当时看似要压倒你的一切困难，才让以后的你，无论面对任何窘境，都可以勇往直前。

我有个表姐，之前被最好的闺密给坑了。

当时我表姐刚毕业不久，月薪也不高。那时她的闺密在一家私人银行做大堂经理，专门推销信用卡。为了帮闺密挣业绩，她就把身份证给了闺密，让她拿去办一张。

这之后表姐就没管了，想着卡放在闺密那儿不会有问题。可那时表姐怎么也没料想到，就是这个从小跟她同穿一条裤子长大的发小，最后利用了她。

后来银行找到她，让她还钱，说她的信用卡刷了3万块。当时的表姐瞬间就傻眼了，原来闺密用她的信用卡去消费。如今闺密早已辞了工作，电话打不通，人也找不到，跟她家人说，他们根本就不信。

那时的表姐，第一次尝试了背叛的滋味，她一边忍受着被最好的朋友出卖的委屈，一边努力挣钱还信用卡。

表姐说，那时她只得硬着头皮吃哑巴亏，每个月的工资都用于还钱，那段日子她的吃穿住行，节俭到简直不是人过的生活。

如今的表姐，再提起往事，总是露出一副风轻云淡的样子。她说："那次背叛，伤我不轻，可也是它，让我学会了识人辨人，让我在最痛苦的时刻学会了坚强，更让我觉得天大的事，也有解决的一天。"

我想，表姐如今的好心态，并不是时间和年龄赋予她的从容淡定，而是那些不堪回首的经历，让今天的她，足够有底气，面对未来人生中的风风雨雨。

其实在生活中，我们受到的委屈，吃过的苦，遇到的难，都不是完全无意义的坏事。

如果你能从磨难和痛苦中找到重新站起的力量，如果你不放弃自己，如果你抱着乐观向上的心态去看待问题，那你就拥有了逆袭人生的可能。

表妹刚参加工作时，常常哭鼻子，三天两头换工作。因为在一些公司，她一旦做错点儿事，就会被暴脾气的领导当众批评，言辞尖锐，让她无地自容。

有些公司，同事之间的相处方式总是阴阳怪气，她一旦做出点儿成绩，就会被人打小报告穿小鞋。还有些公司，客户真的太难缠，她

根本就承受不了跟这样一群低素质、低情商、坏情绪的人打交道。

可如今的表妹，就像一个打不死的小强，她的领导总是喜欢把重要的事，放心地交给她来办。因为她无论遇到什么问题，都可以处乱不惊，轻松应对。

其实表妹这几年的成长，还有赖于那几份如履薄冰的工作。正是因为她曾遇过最蛮横的客户、最苛刻的领导、最残忍的职场关系，才让她获得了宝贵的职场经验和教训。

当我们在工作和生活中，面对挫折时，有的人自暴自弃，怨天怨地，然后止步不前，看似是困难打倒了他们，其实是他们自己先趴下了。而有的人，会与挫折对抗，也许当时他们在翻那道坎时，会委屈、煎熬，感到无以复加的痛，可挫折就如伤疤，等它结了痂，自然就会痊愈，也更会增强你的免疫力。

也许每个人的生活中都会遇到许多不顺心的事，也许你曾在职场上遭过暗算，在情场上遭过中伤，在生活中遭过背叛，可这又有什么，谁不是一边受伤一边成长的呢？

当你的事业不顺心，生活不如意，感情不稳定时，其实上帝并不是想要让你败下阵来，而是希望你可以借助这个机会，锻炼和提升自己的抗挫力。

每个人的生活从来都是喜忧参半的，它在给你带来甘霖雨露、繁花美景的同时，也会给你带来波涛汹涌、阴暗恐怖的时刻。你不可能只接受它美好的样子，而逃避它坏的一面。**也许很多当时你觉得难以承受的大事，待你战胜了它，再回头看时，会觉得原来它不过是鸡毛**

蒜皮的小事，根本不足以击垮你。

你最终会发现，那些曾经吃过的苦、受过的难、扛过的压，都成就了今天如此强大的你。你也会感激那些打不倒你的一切绊脚石，它们终将会成为你人生的垫脚石。